愛情

專線

1999

密絲飄 著

序

致 努力堅強的女孩們

好友在 FB 上夾槍帶棍的痛罵：「世界真是不公平！為什麼有些女人只要靠裝可憐、裝柔弱，就可以無敵呢？」
底下照例一堆人──都是女人──按讚叫好。裝可憐的 Bitch 之於我們，就像是核電廠之於台灣一樣，無論什麼人、什麼年紀，都要罵一下才可以。

我當然也很痛快的按了讚開罵，只是在罵完之後，卻突然抽離了情緒，覺得這一切都很荒謬！這麼多年來，我們罵人的功力漸長，從只會說「真討厭」、「有夠白癡」的情緒發洩詞，進化到實境模擬秀，A 女模仿裝可憐的女人在下頭回留言說：「電腦會漏電，好可怕，人家怕怕～人家不會～」B 女立刻就能接：「妳假掰到我腿軟，好可怕，我也不會。」即使 A 跟 B 根本互相不認識，這時候都能瞬間比相識十年的朋友更知心。

只是，在覺得「啊，這麼多人跟我一樣都討厭裝可憐假掰女，可見不是我機車」的安慰中，心裡卻有個小小的聲音在反問自己：是這樣嗎？

我們有必要這樣嗎？

明擺在眼前的事實是，男人們再也不加入這個話題了，早些年當我們用詞還客氣些、語氣還和緩些時，還是會有男孩加入話題，回應「我也不喜歡太做作的女生」之類的，但自從我們嘴巴越來越賤、越來越刻薄之後，這樣的抱怨往往只剩我們一堆女人在自爽。我曾經問過比較要好的男性朋友，如果他們真的不喜歡假掰女，難道他們不覺得我們講的很有道理嗎？結果他回答：「我是不喜歡啊，可是看妳們那麼激動，我還是離遠點，免得躺著也中槍比較好吧！」

所以，我們已經像路邊聚在一起喝酒、罵政客的地痞流氓了嗎？就算我們講的話路人也暗暗贊同，但他們還是不會想加入聊天，因為我們看起來就像是一群歇斯底里的暴力份子，隨時會拿酒瓶砸別人腦袋？

但說穿了，那些所謂的假掰女裝可憐裝了半天，到底獲得了

什麼呢？

我想起我的朋友 Nana 前陣子為了公司裡新來的助理大發脾氣，明明早就知道那天有個大案子要忙，結果助理卻在八點五十九分五十九秒時打電話來說：「對不起我那個來了肚子真的很痛。」還在 FB 上 PO 文說：「那個來肚子痛痛，不想去上班 >"< 嗚嗚～」順帶附送一張嘟嘴裝可憐的照片。

是，這種行為真的很不負責任，但那也就是 Nana 明明和她差不多年紀，但一個已經是獨當一面的小主管、一個卻還是助理的原因不是嗎？就算那張裝可憐照片下面有一百個男人按讚、還有十個男人願意外送紅豆湯，但那又怎樣？誰想一次喝十碗該死的紅豆湯啊？若真要把兩人所得到的東西放到天秤上比較，裝可憐的假掰女其實並沒有真的得到什麼好處，世道其實並沒有那麼不公平，不是嗎？

我永遠都記得 Nana 抱怨時幾乎是用尖叫吼出來的那句：「不是只有她一個人有月經好嗎？老娘經痛時也很想翹班啊！」

而我想，也許那才是問題的癥結所在——哪個女人不想任性？但我們很努力的克制了，很努力理性，但為什麼得到憐惜的，不是努力的人，而是擺爛的人？

或許，所有努力堅強起來的女人，期待的從來都不是「妳好獨立」的肯定，而是「我知道妳辛苦了，偶爾放鬆一下，我會撐住妳」的惜惜。其實我們心裡還是住著一個等待被王子的吻解救的公主，只是，我們心裡的公主不再柔弱地躺在水晶棺材裡，穿得漂漂亮亮、臉上帶著蘋果光，而是一邊喝酒一邊幹剿，一下嫌王子的吻技不好、一下恥笑王子的牙齒卡著菜渣，我們已經變成內心住著公主、態度卻比巫婆還要囂張惡劣的異形，總驕傲的嚷嚷著「我們沒有想要利用男人」，殊不知男人其實在某個限度內，很願意被女人利用，好滿足一下他們的英雄主義，搞了半天，說不定我們輸給假掰女的，從來都不是裝可憐的功力，而是對男人的了解程度。

我的諮商師曾經對我說：「如果妳總覺得別人不體諒妳，那麼

妳可以回想一下，是不是自己的態度，很難讓別人對妳好？」
什麼態度才會讓別人願意對我好？其實答案我一直都知道，
就是大聲的哀號出「我自己搞不定」、「我需要別人對我好」，
讓別人不會有可能會被拒絕的壓力，並且在別人有所付出時，
表示感激、而不是挑三揀四。

去年大概是我人生有史以來過得最糟的一年，卻也是在最糟
的時候，我得到了一個對我很好的男朋友。大概是因為，他
見過我最糟、最搞不定自己的時候的樣子了，所以我一點也
不在乎在他面前流露出軟弱的樣子。就像前幾個月奶奶離世，
遇上了農曆年後的冰櫃大爆滿，大半夜在殯儀館等著臨時擔
架，我渾身發毛，他二話不說來陪我，我嘟囔著說自己好像很
沒用，又不是小孩子了，卻連這點事都辦不好，他卻笑笑的說：
「妳不可能把事情丟給葬儀社就擺爛落跑啦，就算我不能來，
妳還是會在這裡等啊，頂多是妳一邊等、一邊用手機上網查
哪裡可以收驚而已。」
在那一刻，我感動極了。不只是感動他來陪我，更是因為，

他看見了我那個「即使會害怕，但也一定要做好」的努力。

原來，我們有多努力、有多拚命，別人都是看在眼裡的，沒有誇獎妳，並不是因為別人沒看到妳的努力，而是因為別人不知道妳也想要被誇獎，原來誠實的表達自己的恐懼和軟弱，完全無礙於我們當一個負責任的人。

努力堅強的女孩們，不是要跟別人比，當然贏過別人的時候心裡暗爽、揚眉吐氣，但最初的目的，只是希望把自己的人生安排好。

雖然有時候，我們還是搞不定愛情，雖然有時候，我們也搞不定自己。

但是我們沒有放棄，依舊努力朝著幸福前進，這份執著，就是我們最足以自傲的一切！

開始吧！ Let's GO ！

教育男友請按

男人！我忍你是因為我愛你

有對情侶原本約好了要去看電影，結果男方因為加班太累，打電話給女友取消約會，沒想到女方卻大吵大鬧，怪男友「你連陪我看場電影都不肯」。男方覺得自己是因為上班而爽約，女方卻不體諒，心裡非常委屈，講出去請朋友評理，朋友也都說是女方太任性。

是啊，如果就事論事，男友是為了工作而推遲約會，女生不肯體諒，的確是任性。可是如果你去詢問女生的感覺，女生八成會告訴你，男友上次為了朋友聚餐，推遲約會，上上次為了打電動，推遲約會，上上上次又為了睡覺……她已經體諒了 N 次！

很多時候，別人不理解女生為什麼老是在一些小事情上生氣，那是因為女生並不想跟深愛的人吵架，大多數的女生都是一忍再忍，忍到極限，那件讓女生爆炸的「小事」，往往是壓垮駱駝的最後一根稻草，外人的眼光看來覺得「這種小事有

什麼好吵」，但在女生心裡卻是「連這點小事都不能順我的意」的委屈，女生為什麼計較小事？那是因為她捨不得跟你計較大事！

可是臨到頭來，妳真要跟對方解釋這次突然暴怒，是因為怒氣蓄積已久，要不是上次這樣那樣、上上次又這樣那樣，妳不至於如此生氣嗎？

不，很多事情只要當下沒做，時間一過就失去機會，當下有不爽立刻說出來，就算衝動了點，還可以美其名稱作「藏不住話」、「直腸子」，過了很久才突然翻出來說，沒人會感佩妳忍了這麼久，只會覺得妳愛記恨、翻舊帳，「忍那麼久都不說突然爆炸，心機重」。

就是因為這樣，所以大部分的女生才會一輩子都甩不脫「愛翻舊帳」的罪名。因為，女生習慣「忍」。

我們都以為吵架傷感情，所以經常忍著，沒有把不滿說出口，可是妳不說，別人怎麼會知道妳的感受？
如果妳演技不好，忍的時候一臉鐵青、宛如便秘，另一半得

看妳臭臉，才不會因此覺得妳溫良恭儉讓；而要是妳演技很好，恐怕更加糟糕，妳不把不滿說出來，別人不曉得妳不喜歡這樣，當然一而再、再而三的重犯，除非妳打算忍一輩子，否則還不是遲早要吵架？

我的意思不是說女生每一次感覺到一點點的不愉快，就要提出來大吵，而是所有女生都應該學會自己找到轉圜的出路。

比如說，男友因為加班而約會改期，妳心裡有點不愉快，可以有點撒嬌的跟他說：「蛤～好吧，那這次我配合你，約會時換你補償我，電影選我愛看的那一部。」

第一，妳有所退讓、妥協，一定要表現出來讓對方知道，有些女生會裝體貼大方跟對方說「沒關係，上班重要」，誤以為對方會感動的想「哇～多麼識大體的女孩」，實在太不現實了，妳親口對人家說「沒有關係」，卻希望對方看出妳有多犧牲，這不是告訴別人不用把妳的話當真嗎？

第二，感情要互相才能長久，如果妳有所退讓，一定會希望對方做出適度補償，這是人之常情，否則妳退讓個幾次之後，肯定會累積很多不滿的情緒。可是**妳想要的「補償」是什麼**，

要自己想清楚、說出來，不要叫對方猜，而且最好要當下說出來，不要一拖再拖。因為，在對方開口希望妳做出某些退讓時，肯定是他覺得最愧疚的時候，妳在這時候提出類似於交換條件的要求，對方會比較好商量，要是拖久了，妳再去跟對方說「誰叫你上次爽約，所以這次要聽我的」，有時候會讓對方覺得有被要脅之感。

真正的好相處，不是什麼事都「隨便」、「都可以」，更不是忍了滿肚子委屈、再偷偷生悶氣，而是一開始就劃出底線，有清楚的題目，才有答對的可能，當妳把自己的情緒清楚正確的傳達出來，對方才有可能做出妥善的回應。

兩個人要在一起，肯定是需要極大量的溝通的，有些人會以為「我忍你是因為我愛你」，卻不知道被壓抑的怒氣，往往會衍生利息，累積了情緒就會常常忍不住反覆叨念，最後就會發生妳覺得自己忍了好幾年、對方卻覺得妳日日在叨念同件事，是他忍妳好幾年，兩個人都很委屈，感情也不會因此變好，倒不如一開始，就把話說清楚吧。

男友愛耍白目，超幼稚

一個女生跟我抱怨，說她男友講話很白目。

什麼叫講話很白目？比如說，她指著廣告看板上的隋棠說「那件洋裝很漂亮」，男友就會接「可是她穿是短裙，妳穿變長裙耶」；又比如說，她在抱怨打工時跟同事的糾紛，男友卻學吳宗憲「嘿嘿」兩聲，還自以為風趣的說「打工打工，打完工回家打老公」。總之，男生覺得那只不過是開玩笑，但女生卻覺得一點都不好笑，頭兩次還耐著性子翻白眼以對，次數多了，當然就引發了爭執。

相罵無好口，女生罵男生白目，男生反咬女生「開不起玩笑」、「難相處」，而情侶爭執的時間一旦拉長，男生就很容易拒絕溝通、只想息事寧人，到後來，男生一臉敷衍的說「好啦對不起對不起，以後我閉嘴總可以了吧」，可問題是妳一聽就知道他壓根不知道自己錯在哪裡，但是，如果妳還想再爭，男生肯定會擺出一副「我已經道歉了妳還想怎樣」的態度，

反倒顯得妳得理不饒人，於是女生只能自我安慰，男人心裡都住著一個小男孩，又頑劣又幼稚。

是啊，我也同意每個男人心中都住著一個長不大的小男孩。
可是，誰說小男孩就一定是白目？

每個男人心裡當然都住著一個小男孩，但，妳肯定看過彬彬有禮的小紳士吧？男孩也好、男人也好，都是可以教的，如果他那些自以為幽默的玩笑話讓妳不舒服，妳當然不用默默忍受。唯一的重點是：妳是否努力讓他了解妳的感受呢？

妳是否記得告訴他，妳好希望能和他談談心，但他一直不正經的在耍寶，讓妳有種熱臉貼了冷屁股的難堪，心裡覺得很委屈？
妳是否記得告訴他，妳在工作上受到挫折，正需要他的支持和安慰，但他非但沒察覺妳的落寞，還只顧著講無厘頭的笑話，讓妳覺得很難過？
還是妳只記得罵他白目、和他吵架，卻忘了說明妳生氣的原因？

就像狗被踩到尾巴、下意識動作就是回頭咬人一樣，被男友白目的言語刺傷，下意識的生氣或回嘴罵人是很正常的事，可是，我們在盛怒之下，往往只記得攻擊對方，妳清楚的傳達了「妳很生氣」，卻忘了傳遞「妳很受傷」的訊息。妳們也許花很多時間在爭執「這個玩笑倒底白不白目」，也許花很多力氣在爭執「這個 Timing 該不該亂開玩笑」，可是說實話，這些爭執是永遠不會有結論的，因為法律並沒有規定開玩笑的時機、而他那些略嫌白目的笑話，妳不喜歡，但也不保證別的女人不買單啊！重點並不在於對或錯，而在於他講出那樣的話，刺傷了妳的心，不是嗎？

當然，他是無意的，妳也知道這一點，可是無意的話往往更傷人。就像妳罵他白目、指謫他「自以為幽默」，也並不是真心覺得他那麼糟、更不是想批評他的幽默感，易言之，妳也在無意之中，傷了他的心。

當然當然，他是白目，他也該罵，可是男人本來就不如女人那麼敏感細膩，有時候他們察言觀色的那條神經，簡直跟千年五葉松神木一樣粗。**很多男人喜歡把女友發脾氣的原因歸**

咎為「那個快來了」，就是因為他們始終沒弄明白女友發脾氣的原因是什麼，他們的感覺是「上次耍白癡妳明明笑得很開心，誰知道今天會生氣」、他們的不解是「上次講笑話妳明明笑得很開心，誰知道妳今天會不爽」，老是抓不準女友的喜好，他們恐怕也會感到挫折，就是因為如此，才把一切都推給月經。

對付這種白目型的男人，妳只有一個辦法，就是把妳的感受「精確」的講出來，並且下達明確的指令，告訴對方妳想要什麼。我明白女人有時候不喜歡直接說，是因為希望對方努力瞭解妳、觀察妳，是覺得「他如果愛妳，就該主動注意妳需要什麼」，如果妳是這樣的女孩，那麼，請妳先仔細想想，妳覺得自己是一個喜怒哀樂都掛在臉上的直線條人嗎？還是妳其實很懂得掩飾自己的心情？如果是後者，那他猜不中妳的心思，不是很理所當然嗎？

二十出頭的時候，我也是不喜歡直說的，總覺得戀愛就是要對方「主動給」才有滋味，如果還得要我開口要，那就興味索然了。可是，對方其實並非不主動呀！他主動給了妳冷笑話、

主動耍了白目，目的不就是要哄妳開心，只不過他主動給的，偏偏不是妳要的。何妨給對方一點討好妳的密技呢？

就直接告訴對方「我想要被安慰」、甚至「我想要你摸摸頭誇獎我好棒」吧，因為，對妳好是他的義務，而教會他怎麼對待妳，卻是妳的責任。

男友不愛過節，不浪漫

有個女生朋友和男友的交往週年紀念日要到了，男生問她要不要慶祝，她說：「其實紀念日根本不重要，重要的是你真心愛我。」然後紀念日那天，男生從頭到尾連一句「交往週年快樂」都沒有，整天光顧著自己打電動，她一直忍到晚上，終於忍不住開口抱怨，男生卻回她：「妳不是說不用慶祝？」

啞巴吃黃蓮大概就是這麼苦，朋友滿肚子悶氣，覺得男生不可能不知道女人還是想要過節、還是想要浪漫。我也覺得男人不是真的完全不懂女人要什麼，相反的，他們知道妳要什麼，卻故意不給妳，其實是在抗議，他們抗議的是：那妳知道他想要什麼嗎？

到底男人想要的是什麼？

妳一定看過那種除了會撒嬌以外毫無長處的女人，逢年過節都要高價禮物，擺明就是要坑男人錢，可是男人還是紛紛上

鉤的例子。有時候看著那樣的女人，會覺得有點不甘願，覺得她既沒有妳對男友那麼好、也沒有妳那麼愛男友，甚至，她還長得沒妳漂亮，到底是憑什麼得到男人的寵愛？

Well，原因只有一個，因為她們比妳勇敢——勇於開口「要」。

她們不會說「其實去哪不重要，重要的是你陪我」，然後當男人節日不出門慶祝，賴在家打電動時才來吵鬧。她們不會說「其實禮物不重要，重要的是心意」，然後生日連卡片都沒有的時候在家搥牆壁，她們會明示、暗示的說自己想吃茹絲葵、想要換手機，會在收到禮物後說：「天啊～北鼻你對我真好！我好愛你唷！」

為了騙錢裝可愛、為了騙禮物談戀愛，很假掰對吧？
可是讓我們誠實點吧，明明很想要禮物、明明很想要浪漫，明明很想要男人對妳好，卻假裝什麼都不要的妳，難道不更假嗎？

其實，女人不直接開口的原因，並不是裝客氣，而是怕男人

覺得妳要求太多、覺得妳貪心，減少對妳的愛。如果女生真的喜歡一個男人，她其實是從沒想過要從這男人身上「要」到什麼的，甚至，女生壓根討厭對她喜歡的男人進行「要」這個動作，因為，「開口要」好像是在利用對方，甚至是敲詐對方。

可是親愛的，如果妳對他很好，那他回報妳是理所應當的吧，妳哪裡有虧欠呢？只要妳也會幫他過生日，那跟他要禮物有什麼關係？只要妳也付出了同等的關心，那要求他回報有什麼不對？更何況，妳那麼努力假裝「有沒有禮物都沒關係」，想讓他覺得妳體貼，可是，妳壓根就裝得很失敗，到頭來還不是要和他吵鬧，還多了條「妖鬼假細意」的罪名，得不償失不是嗎？

不管女人有沒有開口說要過節，只要男人有所表示，女生一定會很開心，這個點男人一定是知道的。可是男人有點故意，妳越是說「不慶祝沒關係」，他們就越不想慶祝，妳越是說「不送禮物沒關係」，他們就越不想送，因為他們不爽的是，妳不能又要「我是體貼好女友，我什麼都不要求」的面子，

又要「慶祝、浪漫、禮物」的裡子。

有次我看 Discovery，科學家觀察動物行為，發現公猩猩會送水果給喜歡的母猩猩，就像穴居時代的男人會將獵到的野味送給心儀的女性一樣，雄性動物示好的基調，就是將他辛苦獲得的獵物轉贈給妳。男人其實是很願意「給」的，只要妳承認他有「給」，並且幫他拍拍手。人都希望付出有回報，而男人要的回報，只不過是像英雄般接受妳獻吻的成就感，妳不想負擔拿人手短的虧欠感，可是**男人就是想要妳覺得虧欠，他們要的，就是妳閃著淚光、揪著胸口說：「你對我這麼好，我要怎麼回報～」然後他們就會說：「我愛妳，對妳好是應該的。」**

女人都希望男人能主動觀察妳需要什麼，可是男人啊，他們卻在等妳主動開口要。因為他們要的，就是被需要的感覺。

我認識很多交往好多年、甚至結婚的伴侶，至今情人節、生日或各大節日，都還是會慶祝，而無一例外的是，這些女生都會給男生 Gift List，這樣一來，女生可以得到想要的禮物，

男生也用不著在那裡猜來猜去、筊杯問神明。

女生有時候就是會卡在奇怪的點上，卻給自己找麻煩，我真的懂女孩子那個「我不是貪心的女生，我只要你心甘情願對我好」的矜持。可是傻女孩們，妳開口提出要求、他照辦、按表辦事，就是一種「主動對妳好」啊，又不是誰開口提要求，他都照辦，妳說是不是？

妳要他就給，還有什麼比這更棒的呢？放下那些無謂的矜持吧！

男友不愛出門，超級宅

在上一本小說集《死也要幸福》裡，我寫了一個交往後就一直過著「看電影 or 吃飯→旅館QK→約會結束」的日子的女主角，沒想到很多網友私底下傳訊給我，說自己的男友就是這個樣子。每當她們提議想出去玩、去旅行，男友總是不斷推搪，「不知道去哪裡玩」、「出去玩很麻煩」、「只想在家好好休息」、「不喜歡出去玩」……都是他們的理由。

如果男人是真那麼討厭出去玩，那也就罷了，可是說真的，我一點也不覺得男生討厭出去玩。我認識好幾個男生朋友，他們在有女友的時候，可能一年也沒踏出過住的縣市一步，可分手以後，卻一下子跑去高美濕地拍夕陽、一下子騎摩托車去環島，不由得讓人懷疑，他們不是不想出去、而是不想跟女友出去。

那麼，他們那些藉口，到底是為什麼呢？

男人說：不知道去哪裡玩……
（OS：因為妳很挑剔啊！）

妳一定聽過很多男生抱怨，說他們最討厭女人說「隨便」了。問女生想吃什麼，女生老愛說「隨便」、「都可以」，但當男生提出選項時，又意見一大堆、這個不行那個不要，明明很挑剔、還要裝隨和，真真正正是賤人最矯情。

而出去旅行，就是無數個女生可能說「隨便」的機會大集合。

去哪裡？去幾天？坐火車還是開車？住哪間民宿？去哪些景點？如果這些問題個個都要從「隨便」、「都可以」來開啟討論的話，那麼一個一泊二食的小旅行，可能就要花兩天一夜來討論。而真正搞笑的是，女生喜歡的，其實就是這種「一起決定、計畫一件事」的過程，就像做愛的前戲，比做愛本身更重要，但對男生而言，這些「討論的過程」恐怕正是他們避之為恐不及的麻煩，男人心裡的 OS 是：「讓我決定，妳說我不尊重妳，讓妳決定，妳又說隨便，到底想怎樣？」

我從不覺得女人說「隨便」的心態，是想和男友玩「猜猜我在想什麼」的遊戲，大多數女生才沒那麼無聊。事實上，**女孩子無法直接說出自己要什麼，是害怕顯得自私、武斷，妳並不想勉強男友、妳希望安排一個他也感興趣的行程、而非只是陪妳出去玩**，但是對男生而言，不愛吃魚卻陪妳吃日本料理不叫勉強（只要妳別逼他把吃不完的魚吃掉）、不愛泡湯卻陪妳去洗溫泉也不叫勉強，真正勉強的，就是要求他們和妳一起做不一定有結論的討論。

我問了起碼幾十個女生，發現和男友有固定旅遊習慣的情侶，多半都是女生決定去哪裡、甚至是女生規劃好全部的行程，再象徵性的「設計」一些橋段讓男生有參與討論的錯覺。她們的撇步是：對思考相對直線條的男人而言，選擇題好過問答題，女人不要問他們「要住哪間飯店」而是問他們「A 飯店和 B 飯店哪間好」、不要問他們「吃什麼」而是問他們「日本料理跟泰國料理哪個好」，通常會讓事情容易進行多了。

男人說：不喜歡出去玩⋯⋯
（OS：兩人世界好可怕啊！）

情侶一塊去旅行，目的當然是為了增進感情的，好不容易兩人可以日夜相處、沒人打擾，當然要趁此良機，好好的「談談心」──Bingo！這就是重點，談心談心，妳到底想談什麼呢？

很多女生是這樣的，在日常生活中與男友的相處，累積了許多不滿和埋怨，一直想跟男友好好談談，卻始終找不到適當機會。等到出去旅行時，兩人住在美侖美奐的飯店裡、聽著海潮、看著夜景，女生心想：「It's time！就讓我們敞開心胸、好好探索彼此的內心深處吧！」但男生的OS卻是：「他X的！老子都已經帶妳出來玩了，妳還不滿意、還要碎碎念？」

是，我當然知道女生不覺得自己是碎碎念，而覺得這是「溝通」，可是話說回來，男生這種生物，不愛溝通是出了名的啊！說得白一點，男生的感覺是他已經帶妳出來玩了、甚至已經專程排出假來陪妳了，他期望的是妳能說一句「北鼻你對我真好，特地陪我出來玩」，而不是在他自覺付出許多時，還聽到妳的挑剔。所以很多女生都會發現，男友在旅途中總是特別暴躁、耐受力特別低，隨便說他兩句就會大怒，就是

因為他心裡一直憋著一股「我已經對妳這麼好了，妳還想怎樣」的氣。

所以在旅途中，適時的誇獎男友、甚至表達感謝之意，是很重要的事，如果男友對於旅行原本興致缺缺、勉為其難的話，更應該多說些捧他的話。講好話不花本錢，卻能增進兩個人的感情，何妨多講幾句呢？

男人說：出去玩很累……
（OS：二十四小時陪妳很累！）

我有個女生朋友和男友存了好多年的錢，終於圓了去歐洲自助旅行的夢想，明明是兩人都期待的旅行，可是去到當地，卻每天在吵架。女生只想把行程表塞滿，即使下雨也要撐傘去，因為「難得去法國，整天待在飯店裡也太可惜」，但男生幾天早出晚歸按表操課下來，不斷抱怨「難得休假，我卻比上班睡得還要少」，那麼兩人分開行動呢？女生又不願意，覺得「那何必一起出來玩」？

可誰說一起去旅行，就要像連體嬰一樣？

旅行最重要的是好旅伴，然而和朋友在一起都很隨和的我們，和另一半在一起，卻常常變得很挑剔。妳不會介意友人早上爬不起來吃飯店早餐，但如果是男友睡過頭，妳卻很可能叨念個沒完；妳不會介意朋友一停下來就滑手機，但若男友打開神魔頁面，妳卻會忍不住覺得「好不容易出來玩，你還要打電動」……每個女生都希望藉由旅行，跟男友的感情更緊密一些，可是，**男生是一種需要大量的喘息空間的生物，當他們想要獨處時，並不是覺得妳煩、更不是不愛妳了，而是絕大多數的男生都無法負荷短時間內過於密集的溝通和相處。**

同居的戀人吵架時還可甩門而出，但旅行卻是二十四小時都非得綁在一起的活動，如果妳在旅行時，不留給他一些不被打擾的空間、不留給他龜縮回自己的殼裡的機會，他們就會覺得和妳出去玩很「累」。

男人：出去玩很麻煩……
（**OS：女人很難伺候！**）

出去旅行，意味著要走很多路、也有可能會迷路，有的女生怕曬、有的女生走太多路腳會痠……這些都可能演變成爭吵，破壞出去玩的興致。男人常常忘記女人的體力不如自己，女人常常忍著不說等男人發現，最後，女人因為身體不舒服而擺個臭臉，男人卻不耐煩，女人難免會懊惱男人的不體諒，可是說真的，絕大多數時他們並非不體諒，只是覺得壓力大而已。是的，不要把男人想得那麼自私，有很多男人還是保有那種「我把妳帶出門，就要負責任保護妳」的傳統思維，因此，當妳覺得不舒服，他們就會急著想解決，一旦發現解決不了，態度就急躁起來。

曾經有一次我和男友去郊區，因為迷路而繞了好遠，我說腳痠想在路邊休息一下，男友卻每隔三十秒就問「好了沒有」、「妳的『一下』是要多久」，弄得我又委屈又生氣，後來找了個時間好好溝通，才知道他一直催我上路不是因為不耐煩，而是覺得「趕快到目的地就能好好休息了」。後來再出去玩，每當我想停在路邊休息時，我就會說「我想在這裡休息五分鐘／十分鐘」而不是「休息一下」，果然他就不會一直催我了，反而常常坐著聊天聊到超過時間。原來跟男生相處的不二法

門就是：説清楚自己要什麼、能多清楚就多清楚、能多鉅細靡遺就多鉅細靡遺。

總結就是，女人認為一起旅行可以增進感情，但很好笑的是，很多男人完全不覺得旅行可以增進感情，相反的，卻覺得這種事根本是「有功無賞，弄破要賠」，從計畫到成行，有太多爭執的可能與吵架的機會。

那麼最簡單的方法就是，給他在旅行裡來一點甜頭吧！畢竟飯店的房間比較舒服、又可以一起泡澡、説不定還有寬闊的陽台……只要讓他知道，「有些事只有在旅行的時候才能玩唷」，他們對旅行的期待值，肯定會大幅提升的。

溝通怎麼這麼難

美國影集《慾望女人幫》（Cashmere Mafia）的女主角之一，因為一再失戀、覺得男人難搞難溝通，居然莫名其妙變成了蕾絲邊，一開始她和女友如膠似漆溝通無礙，還以為這次終於要成功了，沒想到一個 Trouble，依舊宣告失敗。我想，無論男女，只要是兩個人要一起共同生活，需要溝通的事就是多如牛毛，而我忍不住想，明明我們都誠意十足，但溝通為什麼這麼難？

直到前陣子，我竟然用了一個出乎意料的辦法，成功的溝通了一件事！

我男友有個怪毛病，他喜歡在樓梯上跟狗玩，而且屢勸不聽、屢教不改，有一次玩得太激動，狗從樓梯上滾了下去。他覺得很好笑，但我簡直是氣壞了！從樓梯上滾下去耶！萬一摔斷腳怎麼辦？！

試圖和他理性溝通講道理？這方法我試過，得到的回應是「哪有跌倒就會摔斷腿的？妳也想太多了吧！」

大發脾氣高聲怒罵，用比較激烈的態度讓他知道我有多介意？這方法我也試過，結果落得個「一點小事妳也這麼生氣」的罪名。

那麼像書上教我們的，別在氣頭上溝通、等冷靜下來再談呢？我確實有一次從下午忍到晚上要睡覺時才提出來，結果他的反應卻是說我愛記恨，一點小事居然從下午記到晚上！

總之，各種方法我都試過了，就是溝通無效，直到有一次，他又在樓梯上逗狗玩，我終於忍不住歇斯底里的大叫：「他媽的你可以不要在樓梯上跟牠玩嗎？我就是神經質、我就是有神經病、就是會緊張可以了吧！」

然後說也奇怪，即使我的態度糟糕到了極點、還飆了髒話，完全不符合理性溝通原則，但他居然笑了出來，說：「好啦好啦，不在樓梯上玩可以了吧！」

然後奇妙的是，在那次之後，雖然有時他會得意忘形而又在樓梯上跟狗玩，只要我一翻白眼，他就會停下動作然後跟狗說：「我們不可以在樓梯上玩喔，因為妳的主人是個神經病，

她會生氣喔。」

起先我當然也是大翻白眼，心想「我神經病？你才沒神經吧！」，可是當他每次被我一瞪就要跟狗說「因為妳主人就會瞎緊張」、「就是神經質」，次數多了，我突然發現，也許這次大吼大叫反而比以前冷靜溝通更奏效的原因，是因為我意外的做到了一件事，那就是：我講出了我的感受，而不是指責他犯錯。

我發現，情侶之間的溝通之所以經常觸礁，是因為我們總把重點擺在「對錯」上，在樓梯上跟狗玩不對、跟女同事走得太近不對、這樣做不對、那樣做不對……然後，當對方不認為自己有錯時，溝通就演變成爭吵，吵了幾次沒有下文，雙方就覺得彼此難溝通，甚至因為不想吵架而不去溝通，反而使雙方的誤會越來越大。

可是，對與錯真的那麼重要嗎？

坦白說，**很多事情是有灰色地帶的，只不過是彼此觀念不同，並沒有絕對的對與錯。我們會在溝通時習慣去指責對方的錯，**

是因為我們下意識認定「有錯的一方就得改」，可是一來，人被指責時都會有情緒，情緒一上來，就會使溝通變得困難；二來，誰說人會改變是因為認定自己有錯？

從不下廚的女生想為男友親手做飯，難道是認為自己不夠賢慧有錯？

向來傻楞的男生想給喜歡的女孩驚喜，難道是突然覺得自己過往的木訥簡直罪大惡極？

不不不，在愛情裡，我們願意做出改變，從來都和對錯無關，我們改，只是試圖讓關係更好、讓兩個人更幸福，「希望對方快樂」才是我們願意做出改變的真正原因。

如果說溝通有什麼訣竅，那麼我想，除了理智冷靜之外，最重要的是，我們應該告訴對方「感受」而不是「對錯」。兩性的溝通並不是辯論會，不是「我是對的、你是錯的，所以你要改」，那種東風要壓倒西風的氛圍，只會讓彼此越來越敵對。

溝通的目的，是為了讓彼此有更多了解，讓對方知道「你那樣做，會讓我不舒服」遠比對錯更重要。而我想，這也就是我找出 N 百篇「樓梯對狗的髖關節影響」的報導和新聞，都

比不過我承認自己是神經質焦慮鬼來得有效的原因。

但當然，並不是承認「我是個焦慮鬼」以後這問題就一勞永逸了，有時他還是會再犯，需要我再三強調這行為讓我心驚膽戰。我想，也許**溝通就像是心靈的雙人瑜珈，必須不斷持續，而且不進則退。溝通，是極其繁瑣、勞累、辛苦的一件事，如果你能堅持下去，唯一的理由就是：你真的想跟這個人在一起一輩子。**

就是因為珍惜，你才能在被激怒時忍住那些傷人的氣話；就是因為在乎，你才能不厭其煩的一次又一次去嘗試傾聽與訴說；就是因為愛，你才能有力量去忘記曾經的不愉快。

別當「標示與內容物不合」的女人

如果説上一輩的女人都有一種必須要賢慧、聽話的壓力，那麼我覺得，這個世代的女人，都有一種必須要「大器」的壓力。

什麼叫「大器的壓力」呢？

比如説，看男友和其他女生嘻嘻哈哈，妳明明心裡酸酸的，卻還要告訴自己「大器的女人不會疑神疑鬼，男女之間真的有純友誼」。

比如説，男友每次忙自己的事情時就會忽略妳，妳明明有點不高興，卻還要告訴自己「大器的女人不會斤斤計較，每個人都要有自己的空間」。

而女人為什麼要這樣逼自己呢？因為電視上、書上……每個地方都在對妳強調，男人不喜歡小心眼的女人，還有許多看似戀情幸福、對馭夫很有一套的女生，會一臉優越的告訴妳「我就是懂得給男人自由，所以男人愛我愛得要死，所以妳那些問題在我身上都不會發生」，於是在潛移默化之中，妳開始逼自己學習那一套，要大方、要獨立、要理性。

如果妳學得會，那當然很好，恭喜恭喜，天地同賀。

但萬一妳就不是那塊料，怎麼樣都學不會，怎麼辦？

曾經聽過一種說法，人類的大腦裡，有一塊區域專司處理壓力和適應動盪變化，而每個人這一塊的運作能力，是有個體差別的。如果這個說法屬實的話，那麼人在感情裡能夠多理智，除了後天的性格養成以外，恐怕還有先天的生理性差異。這個說法到底正不正確，我不知道，但我要說的是，**戀愛又不是理智大會考，就算妳在「大器」這方面的表現不怎麼樣，但其他方面，肯定有突出的表現嘛，那麼為什麼要逼自己做不擅長的事呢？這就像是一個見血就昏倒的人硬要去念醫學系，只因為大家都告訴妳當醫生比較好賺一樣，當醫生是很好賺啊，可是妳就是沒本事賺這一條，不是嗎？**

打比方、打譬喻，大家都懂，但是要承認自己「沒本事」，卻十分困難。**我經常覺得這個時代強調「女人要理智」的氛圍已經變成了一種群眾壓力，鼓勵女人理智獨立的好意、變相成為一種把情緒化型女孩邊緣化的歧視，就是這種壓力，讓女人隱隱覺得「如果我不夠大器，男人就不會愛我，我得**

不到幸福就是活該」，導至於許多女人壓根沒辦法認清自己、沒辦法承認自己就是個小肚雞腸的小女人。

我不覺得全天底下的男人都喜歡大方大器的女人，最起碼，我是聽過很多男生朋友說他們喜歡像 Puppy 一樣，嘰嘰喳喳又黏踢踢、但是很會撒嬌、很可愛的小女人的，要他們打電話報備行蹤什麼的，基本上只要女人「好好講」，他們都願意做。

重點來了，什麼叫好好講？

如果女人直接撒嬌跺腳的説「人家就是小鼻子小眼睛小肚雞腸嘛～我就是想要你到家就打給我嘛～你打給我我就會很開心啾你一下嘛～」很多男人都會狀似無奈的翻白眼説「好啦好啦妳很幼稚ㄟ」實則心裡暗爽到翻過去。
可是很多女人都被那些「女人要理智」、「女人要獨立自主」的教條給洗腦了，太習慣於帶上「理智精明的愛情態度」的面具，卻忘了自己真實的面目、失去了直接説出心裡真正感覺的能力。

於是妳會說：「我不是要跟你吵架，只是 &#$^&#%^&……」（聽起來就是在吵架還不承認。）

於是妳會說：「我不是無理取鬧，只是 #&*%*_$#&^……」（聽起來分明就是無理取鬧。）

於是妳會說：「我不是那種愛查勤的女人，你不打給我報備，我也 OK 啊，我只是覺得，如果一個男人真的愛一個女人，就應該要懂得讓她安心……」

不要說男人，連旁觀者都聽得一頭霧水，妳既然說不報備 OK，那後面那一長串抱怨又是什麼？身陷其中的女人或許以為這樣說聽起來比較婉轉、比較理性，不是在逼迫男人報備，只是在試圖講道理，可是用旁觀者的角度去理解這些話，就明白這種說話的態度和邏輯，只有「么鬼假細意」五個字可以形容，非但一點也不獨立理智，連小女人情緒化時那種撒嬌可愛的風情都消失殆盡。

青菜蘿蔔各有所愛，戀愛絕對是各花入各眼的事，我相信獨立自主型的女人、跟依賴情緒型的女人，絕對各擅勝場、也各有市場。

只是，如果妳真的不擅於理性這回事，那麼就別再逼自己裝

理性了，不要把自己變成「標示與內容物不合」的人，那才真正是過了熱戀鑑賞期，就會被退貨的。

為什麼男人那麼怕麻煩

小希為了買條牛仔褲和男友吵架。

事情發生在一個週末，小希跟男友說想買條牛仔褲，請男友陪她一起去。到了百貨公司，當小希被一樓特價的鞋吸引時，男友說：「牛仔褲在樓上吧！」催著她上樓；小希想逐層樓逛時，男友又說：「妳又沒有要買這些，幹嘛浪費時間？」小希很體貼，她心想男人都不喜歡逛街，於是盡快挑好了牛仔褲付帳，想說可以去別的地方走走，誰知道男友卻說：「買好了？那吃個飯回家吧！」

小希很生氣，她覺得男友根本不想陪她，才會一路上都很不耐煩，敷衍了事只想趕快回家，男友也生氣了，說自己已經陪她來買，哪有不陪她？小希指出男友一路擺臭臉，男友反過來說她沿路碎碎念：「買條褲子居然要花一個下午麻煩死了！」於是小希忍不住要想，這個男人真的愛她嗎？要是真愛，為什麼連陪她逛個街這點小事也嫌「麻煩」？

到底男人口中的「麻煩」，指的是什麼？

我問了好幾個男生以後才明白，原來男生覺得，不管是什麼事情，只要不能用最省時省力的方法達成，那就叫「麻煩」。

我們常聽到男人滿口「做事情要有方法」、「這樣比較省時間」……不知道的人還以為他一分鐘幾十萬上下，才導致一秒都不能浪費，可當女人發現男人省下來的時間不過是拿去打電玩、甚至看重播第八百遍的《賭神》時，難免會有「你寧願看電視也不陪我」的幽怨。可其實，男人不是不願意在妳身上花時間，只是認為那件事（逛街／吃飯／講電話……可套用任何事）用不著花那麼多時間而已。

女人常愛抱怨男人頭腦簡單，而說真的，他們腦袋簡單的程度，超乎女人的想像。導航系統剛上市時，許多人都忍不住跟一台機器吵架，我有個朋友在路上突然尿急，好不容易看到一間有廁所的加油站，結果她一轉彎，導航系統就開始沒完沒了的逼逼亂叫，不停說「方向錯誤」、「方向錯誤」，搞得她心慌意亂，居然跟一台機器對罵起來。而搞笑的是，

男人的腦袋跟導航系統——而且還是舊型號、沒有 AI 人工智慧的中古款——差不多。妳跟他說「要去百貨公司買一條牛仔褲」，他們腦海裡規劃的路線就是「家→百貨公司→休閒服飾樓層→家」，頂多再額外加個吃飯他們就覺得自己很有陪妳的誠意了。如果妳偏要從一樓化妝品專櫃逛起，他們的感覺就是妳從西門町要去東區、卻特地跑到桃園換車那麼荒謬，不斷催促妳快點，有時候和他愛不愛妳根本沒關係，只不過是他們腦袋裡的導航系統轉不過彎而已。

當然了，女孩子會想，好不容易出來，就算不買東西，跟心愛的人手牽手逛街也很快樂啊！如果只是買條褲子就要回家，妳何必叫他一起來？

可是親愛的，重點就在這裡，想跟男友一塊閒逛沒有錯，錯的是妳下的指令——妳給男人的指令是「陪我去買牛仔褲」而不是「陪我去百貨公司逛五小時但不一定要買東西」。

事實是，男人這一輩子可能永遠都不懂逛半天不買到底是哪招，多數女孩子喜歡做的事，他們都不了解有什麼意義，可是基本上，他們清楚明白並且認命的接受，陪女友做這些他

們根本不知道有什麼意義的事，就是身為男友的責任，換言之，他們不是不願意做，只是經常搞不清楚要做什麼。如果女生打從一開始就清楚明白的說「北鼻～我今天就是要去百貨公司裡繞來繞去至少逛五小時，但不一定要買東西」，他們可能會翻白眼說「妳白癡嗎」、可能會抱怨說「很無聊耶」，但如果妳強力要求，他們會不會陪妳去？欸，如果他真的愛妳，他起碼會心不甘情不願的陪妳去。

心理學家說，男人是任務型導向的生物，也就是說，他把所有的事情，包含追求妳、陪妳逛街約會、甚至惹妳生氣後求妳原諒……這些事都當成「任務」。**如果妳有玩過任何的電玩遊戲，就知道所有的任務都有一個共通點，就是「有個明確的、只要這樣做就一定會成功的解法」，也就是俗稱的「攻略」或「密技」，一個解不開的遊戲任務，叫做 Bug，一個說不清楚想怎樣的女人，叫做麻煩。**

妳可以要求他、妳可以刁難他，生氣時妳可以告訴他「我就是要掛你十通電話，等第十一通我才會氣消」，那麼只要他真的愛你，他會認命的打到第十一通。但是如果妳什麼都不

愛情專線
1999

說、接起來就掛，可能第二通之後他就消失了，他不是不愛妳，只是不知道該怎麼愛罷了。

所謂的緣分，其實就是「剛好」。

比如說，妳最拿手的那道菜，剛好是他最喜歡的食物；比如說，他習慣走右邊，而妳剛好習慣走左邊；比如說，妳有的缺點剛好他都不是很在意，而他會為之著迷的，都是妳原先就具備的東西。

剛好妳會教，剛好他受教，

剛好妳喜歡安穩，剛好他也想定下來。

戀愛用不著驚天動地，兩個人可以好好的安穩過一輩子，就是最棒的奇蹟。

愛情專線
1999

客服碎碎唸

帶狗去上響片訓練課程，訓練師說，狗的思考很直線，主人要切記以下三點：

（1）指令清楚明白。

（2）說關鍵字，講太多動物只會混淆。

（2）做對了立即給予獎賞。

而我咀嚼再三之後卻忍不住想，男人這種生物，不也是這樣嗎？狗永遠也不會理解「握手」有什麼意義，但牠們通常可以做得很好，因為做完之後牠最愛的主人總是眉開眼笑還給牠零食吃；男人很可能永遠也不懂女人，但那有什麼要緊呢？只要女人懂得訓練他就好了。

客服碎碎念

———

找一個成熟的人，而不是等對方長大，找一個
適合的人，而不是企圖改變對方。因為青蛙不
會因為一個吻而變成王子，但親吻青蛙太多
次，妳可能會因此而變成母青蛙。

愛情專線
1999

對抗小三請按

2

兩個人都愛，可能嗎

安安的男友劈腿，被安安發現以後，立刻上演了下跪痛哭、真心認錯的橋段，然後過沒兩個月，又被二度抓包。累犯當然是要判重刑的，這一回安安不再聽任男友道歉幾天就放過，而是逼著男友去斬斷跟另一個女人的關係，這才發現男友根本從頭到尾都打算要享齊人之福。男友對安安說：「我真的很愛妳，可是我也很喜歡她，我知道同時愛上兩個人不對，我知道妳很痛苦，可是我也很難過，妳懂嗎？」

安安當然憤怒生氣，而姐妹淘們也紛紛要安安分手，妳一句「他只在乎他自己」她一句「他根本不愛妳」，把男人罵得狗血淋頭。
可是安安的心裡卻矛盾極了，某一個方面，她覺得姐妹淘們講的有道理，這個男人根本不愛她，要不怎麼會被其他的女人吸引，甚至這樣傷她的心？
但是，旁觀者們丟下一句「他根本不愛妳」的評論很容易，但當事者心中，卻有很多被愛的感受啊！安安看到了男友痛

哭流涕的懺悔、死命挽回的誠意，更何況男人在劈腿之餘，也沒忘記噓寒問暖、關心安安的生活起居，如果男人真如姐妹淘說的「根本不愛她」，又為什麼對她好呢？

倪匡小說裡的主角衛斯理說，當你排除所有不可能的選項，剩下的最後一個可能，即使再怎麼不可思議，也是唯一的正確解答，所以，安安不敢問姐妹淘（她們全會罵她傻），只好傳了個訊息問我：**人真的有可能同時愛上兩個人嗎？**

當然可能的，簡直是太可能了，同時喜歡兩個人就像吃飯喝水一樣容易，怎麼不可能？

人的欲望是無窮的，打個最簡單的比方來說，有時候我就是又想吃日本料理又想吃泰國菜、有時候我就是又想買緞面高跟鞋又想買裸靴……人的一生當中，想要 A 又同時想要 B 的狀況，難道還少得了嗎？我們又不是住在伊甸園裡，全宇宙只有一個男人和一個女人，世界本來就充滿誘惑，從來沒有同時對兩個人有好感的人，恐怕才是少數。

可是，誰說同時喜歡兩個人，就一定要「劈腿」呢？

讓我們幻想一下這個狀況吧：有一天，劉德華跟梁朝偉同時對妳表白，妳一定難以抉擇、一定覺得各有各好，而且，心裡一定會閃過「要是能兩個都擁有該有多好啊」的念頭，對吧？

可是，心裡想想是一回事，難道妳真有臉去跟這兩個男人提出「能不能一三五劉德華、二四六梁朝偉，星期天讓我去認識金城武」的荒謬要求嗎？一個腦筋正常的人，怎麼說得出口嘛！

所以，是的，我要說的是，**劈腿不是「愛上兩個人」造成的，而是腦筋有問題的結果。**

吳念真導演有句紅遍大街小巷的廣告詞叫「電腦嘛也曉揀土豆」，一台運作正常的電腦，要它揀土豆是比吃土豆還容易的，但如果是一台程式設計不良、故障了的電腦，當然就無法「揀土豆」了；而妳雖然是個大活人、而不是一顆土豆，但道理總是通的，人腦也有一種叫做「取捨」的功能，這個功能運作正常的人，在同時喜歡兩個人的狀況發生時，都能

在思考後做出二選一的抉擇，唯有「取捨功能」有障礙的人，才會在同時喜歡上兩個人時無法抉擇，而導致了劈腿的後果。

易言之，他是一個腦袋有障礙的男人。

我真的明白女人為什麼在遇到劈腿男時，明明很受傷、還是依然深深相信對方愛著妳、甚至覺得他們比誰都愛妳，因為他們的表現實在是太驚人了！他們會在妳面前淚流滿面、會在妳面前下跪懺悔，大多數人礙於面子、礙於理智絕對做不出來的行為，他們都能做得出來。

曾經，我聽一個長期忍受男友劈腿的女生說：「我這輩子認識的男人裡，只有他會為了求我原諒而在我房門口跪一晚」，在聽到的那一瞬間，我回想起自己的戀愛經驗，想到我賭氣說「那不要連絡了」，對方就當真從此不打電話來的經歷，還真會覺得有點遺憾，那種遺憾是：怎麼人家生命中有個下跪也要跟她在一起的男人，而我遇到的卻都是說走就走、絕不回頭的貨色？難道我當真那麼沒吸引力，對方才能毫不留戀嗎？

BUT！我要一個男人對我下跪幹什麼？**女人要的，不外乎就是兩個人幸福快樂在一起，如果他做不到這一點，在妳面前跪到膝蓋開花，又有什麼用？男兒膝下有黃金只是一句成語，又不是他真的膝下會冒出黃金來，妳也不會得到任何好處，不是嗎？**

好了，整件事情就是，有個男人說他真的很喜歡妳，可是他沒辦法忠誠的對待妳，妳試圖跟他講道理，告訴他「愛就是要包含忠誠和信任」，可是他腦筋有障礙，無法消化這些道理，於是就躺在地上踢腿耍賴、鼻涕眼淚流滿臉的說：「可是我真的很喜歡很喜歡很喜歡嘛，妳不能算便宜一點嗎？」

而妳，是要離開這個腦袋有障礙的人，還是因為「他的腦袋有障礙」，就打五折跳樓大拍賣呢？

出軌可以原諒嗎

在新聞上看到劈腿女主播後已求得女友原諒的男作家最終還是分手時，第一時間，我聯想到的，其實是張栢芝。雖然事件不同，但當年謝霆鋒也曾站出來表態支持妻子，兩人還接著生了第二個孩子，可是最終也是離婚收場。謝張兩人都堅持離婚和陳冠希沒有關係，可是任憑他們說破了嘴，恐怕也不會有人相信。我想，是因為我們都知道原諒有多難、但不原諒又有多苦吧？在愛情的背叛裡，選擇原諒的人使盡渾身力氣，才發現做不到，而選擇不原諒的人最終又會發現，恨足一個人也沒有比較好過。我們關注他們的戀情後續，絕不僅是看八卦那麼簡單，我們更想知道的是，**被背叛的傷口，究竟能不能完全痊癒？**

而我想，是很難、很難吧。
尤其是，如果妳的另一半對第三者不只是玩玩、而是有感情的那種外遇。
他看起來比妳還痛苦，糾結的說他兩個都愛，妳有妳的優點，

第三者有第三者的妙處，妳溫柔，但她活潑，妳獨立，但她依賴……總之一句話，妳當然有第三者沒有的優點，但很抱歉，第三者也有妳沒有的特色，如果妳是他，妳會怎麼選？

啊不，為什麼要選？感情應該是唯一，他居然把妳降格為選項之一，簡直欺人太甚。人在受到極大傷害時，第一個反應，當然是先保護自己，於是，用力證明自己比對方好，變成我們站起來的力氣來源。

就像很多女生拚命想證明「情敵長得漂亮有什麼用？男人需要的是貼心、可以做他一輩子後盾的女人」、想證明「情敵會撒嬌有什麼用？只是想騙男人多照顧她一點」，局外人還以為妳盲目、搞不清楚罪魁禍首是男人，但其實弄不清楚狀況的是他們。一來，這是自尊心的問題，二來，**第三者就像是家裡的老鼠，誰不知道物必自腐而蟲生、誰不知道杜絕鼠患的根本之道是維持清潔？但是當老鼠在妳眼前囂張的跑來跑去時，妳是要先打老鼠，還是要先刷廚房？**

所以妳不得不發著抖、忍著害怕，和老鼠捉對廝殺。

而最諷刺的其實是，當女人把心交托在一個男人手上時，希

望的無非是他能愛護妳、保護妳，讓妳因為能放心依賴而顯得天真，可直到他背叛了妳，妳才發現，原來他不是妳專屬的騎士，而是一個妳不出盡百寶爭取、就會成為敵軍盟友的牆頭草。妳因為希望被保護而去愛，結果為了保護這段愛，都快變成鐵娘子。

打輸了，妳傷心失望痛苦難堪。

但打贏了呢？當男人做出了選擇，當他承認妳「比較」重要，當他回頭之後呢？

一朝被蛇咬的恐懼是永遠都會存在的。即使男人再怎麼補償、再怎麼道歉，妳永遠都提心吊膽，再也無法對他付出信任。而一段沒有信任的感情肯定非常崎嶇，於是，即使妳傷痕累累、體無完膚，還是有人要說「感情失敗兩人都有責任」，連受害者的角色都吝嗇給妳演。

可是我經常在想，人真的有那麼記恨嗎？真的有那麼不懂得寬宥嗎？我也看過許多因為劈腿而分手的情侶，兩人在分開後仍是朋友，一方有難、另一方出錢出力幫忙的例子啊，如果妳真恨一個人，怎麼會幫他？

後來我才漸漸明白，當最初的傷痛過去，妳終於可以嘗試客觀看待這一切時，才發覺，**他愛妳、但也愛第三者這件事，揭露的並非是妳的不足，而是他的貪婪。在愛情裡，他有不滿，難道妳沒有？他有犧牲，難道妳沒有？沒有一段戀情是完美的，差別只在於，妳專注於看妳所得到的，但他卻執著於他所缺乏的，妳努力想解決兩人之間的問題，他卻逃避到小三身邊把問題弄得更大，得隴望蜀、吃著碗裡看著碗外，以為女人是洗髮精，可以一加一變成洗潤合一。**

那才是妳徹底失去信心的真正理由。也才是妳下定決心原諒、也真的不再介懷，卻還是離開他的理由──原來不管有沒有第三者，他從來都沒有全心全意的能力。

打擊當然會使人成長，失敗當然能使人從中獲得教訓，人家說談戀愛「不是得到，就是學到」，但要是有得選，恐怕也沒有人要選後者。說實話吧，我覺得「總有一天會好」是騙人的，傷口結痂後不再流血、新肉生出來後也不再痛楚，可是那是一道蜿蜒的疤，妳可以不主動去提，但妳永遠不會忘記。

每一次看到其他人有類似遭遇，妳就會想起當年，然後第一千八百萬次的自我檢討：當年我那樣做，對了嗎？沒有更

好的做法嗎？我不原諒他是不是太狠心？我給他第二次機會是不是太軟弱？

我要說，不管妳做什麼選擇，都沒有對錯可言，因為在那個當口，妳就是個受重傷的動物，全憑本能求生，無論妳做了什麼，都是妳存活下來的唯一辦法。
因為害怕寂寞而選擇原諒的，不要再斥責自己軟弱；因為無法原諒而選擇冷漠的，不要再責怪自己不夠寬容；最重要的是，妳捱下來了，妳越挫越勇，仍然願意付出，妳記取教訓，今天比昨天做得更好。

先原諒自己吧。

如何預防閨蜜變小三

網路上有個挺有趣的短片，叫做「甄嬛 PK 武媚娘」，裡頭說到這兩齣戲的共通點就是「女主角初入宮時救了個軟妹子，誰知道軟妹子居然是個心機婊」。說起來甄嬛和武媚娘都是聰明女孩，可是人都有弱點，姐妹淘就是那個最知道妳弱點的人，所以，世界上最恐怖的小三，肯定是曾經當過妳閨蜜的那一種。

畢竟姐妹淘知道妳太多秘密了！她知道妳曾經談過幾次戀愛，她知道妳曾經耍過的小心機，就算妳單純如一張白紙，她身為妳的姐妹淘，只要隨便造謠，可信度也超高，要不然藝人出醜聞時，為什麼媒體老愛訪問藝人的鄰居／老師／舊日同學？

當然，女人之間絕對有情比金堅的友誼，可是以下這幾點，妳絕對要注意。

一見如故就像一見鍾情，很可能只是一廂情願的誤會

凡被閨蜜背叛的女生，肯定都有「我把她當好姐妹，就是因為信任她，才把秘密全都告訴她，誰知道她卻背叛我」的冤屈，這種被人從背後冷不防捅一刀的傷害，一輩子都難以痊癒。可是奇妙的是，妳會發現，很多人打從心底信任、甚至比相信家人更甚的閨蜜，其實往往認識不久。

而這其實就是問題的根源——為什麼我們會死心踏地相信一個認識不久的人？

我常常聽女生形容自己的閨蜜，都說是「好像前輩子是親姐妹」，這種一見如故的友情，其實就像是一見鍾情的戀愛一樣，發生的時候都感覺十分美妙，但結果往往不如預期。所謂日久見人心，一個人是否正直、善良，除了透過時間去觀察以外，絕對沒有其他捷徑。大多數的女生都需要極大量的認同感，所以一旦認識想法相近的朋友，覺得自己做什麼、想什麼對方都懂，肯定會覺得開心，什麼秘密都想與對方分享。但是，對方認同妳時，兩人交情好是必然，但當對方和

妳有利益衝突時，會做出什麼行為，卻是需要時間去證明的。
再怎麼一見如故，都不要對認識不久的人掏心掏肺。

不想被忌妒，就不要炫耀

什麼叫炫耀？炫耀不是跑到對方面前去説：「嘿嘿，我有男
人妳沒有喔，羨慕吧！」這是小學生等級的挑釁，長大以後
的世界沒那麼簡單。真正會令人記恨的炫耀，是隱約的、甚
至無意識的，比方很多時候，一帆風順的人，往往會在不自
覺中顯露出志得意滿的樣子。最常見的例子，就是許多女孩
在熱戀時，若和姐妹淘聚會，肯定會忍不住不停的講自己和
男友間相處的趣事、或講男朋友對自己有多好、追自己追得
多辛苦，而這時候，如果姐妹淘的日子也過得不錯，當然能
心平氣和的替妳高興，但如果妳擁有的、恰恰是她所沒有的
呢？

女生是一種很敏感的生物，所以特別容易產生比較心理、然
後感到忌妒。當然當然，如果她是個好人，就不該因為忌妒
妳而害妳，但如果妳能夠體貼一點（或者説識相一點）的話，

為什麼要在即將餓死的人面前吃滿漢全席、還不停的大讚好香、好好吃？

當然，遇到高興的事不是不能講，男友對妳好也不用藏起來，可是所有的事都是「互相」。妳想講男友對妳多好，朋友當然可以打邊鼓說「哇靠」、「真的耶、太棒了」，但輪到她講她的事時，請妳也以同等態度對待之，不要她說了去泰國玩，妳回「那有什麼了不起，我去過四次去到不想去了」，她說了去吃某餐廳妳回「那間餐廳很無聊，我吃過更好的」。沒有人想永遠當陪襯別人的綠葉。

男友就跟內褲一樣，是不能借的

曾經聽過一個故事：某女孩讓自己失業的妹妹暫居在自己和男友同居的小套房，結果她出差大陸，短短四天親姐妹就變成了婊姐妹。女孩說：「我也想過孤男寡女同處一室可能不好，可是一個是我的男友、一個是我的親妹妹，我以為他們不會背叛我。」而外人除了寄予無限同情之外，其實也偷偷嘆息，為什麼要把自己的愛情，寄託在別人的良心上？

其實，沒有一個女人不在乎自己的愛情，大多數女孩對於姐妹淘和自己的男友太親近，心裡都是有一點疑影的。可是一來沒人想當疑神疑鬼的妒婦，二來女生對姐妹情誼的重視並不比對愛情的重視少，很多時候，當姐妹淘開口拜託妳，請妳男友幫她做什麼事時，比如接送她、幫她組電腦……妳不見得完全的放心，只是妳認為，姐妹情的重量值得妳去冒險！

但是說真的，除了冒這種險以外，難道妳沒有其他方式，表達妳對這份姐妹情誼的重視嗎？

看重友情很好，但是有些東西是不能分享的。**男友就跟內褲一樣，要是有朋友開口跟妳借內褲穿，妳完全不應該卡在「我不借給她，她就要光屁股了好可憐」的心理負擔上，而是應該明白，這是一個對妳、對她都可能造成傷害的請求。讓男友和姐妹淘保持距離，並不是因為妳不信任她們，相反的，就是因為妳在乎，才更應該要防微杜漸。**

有時我在想，為什麼「閨蜜」會是甜蜜的蜜呢？閨中密友，明明就是秘密的密啊！我猜，或許是因為女孩對於感情都有一種太過甜美的超現實渴望，希望有一個無論何時都了解妳

的人，在背後默默的支持妳。不過，站在妳背後的人，既能支持妳、也能捅妳一刀，還是要好好的保護自己。

男女之間有沒有純友誼

還記得念書時，曾經交過一個男朋友，他老是載打工的女同事下班。他總說「男女之間也有純友誼」、「只是順路順便」，可是當越載越熟、最後那女生還常常半夜打電話找他聊心事時，我當然不開心。

我跟他說：「最好純友誼可以做到這樣！我才不會半夜打電話給『普通男生朋友』聊心事！」

他回我：「那是妳才會想得那麼複雜！不要以為每個人都和妳一樣！」

時至今日，我仍清楚記得那當下心裡無處喊冤的無助，混雜著委屈、憤怒、以及自我懷疑，畢竟女生在愛一個男人時，表面上再怎麼兇悍，心裡就是很在乎對方的感受和情緒，當對方不爽時，我們總會下意識的自我反省，自己是不是太過分了、是不是忽略了對方的感受。

就像我也曾看過很多對男友和所謂紅粉知己之間的感情有疑慮的女孩，每當她們寫信或傳訊息給我，總不停的把男友和

紅粉知己的相處狀況告訴我，想確認純友誼的分寸到底在哪裡，然後問：「真的是我太愛吃醋、想太多嗎？」看見女生有這樣的自我疑惑，我心裡都忍不住狂喊，NO！不要掉進詭辯的圈套了！**男女間到底有沒有純友誼，根本不是重點，你們之間真正的問題是：妳已經明白告知男友，他這樣做會讓妳傷心，而他卻仍堅持要做一件讓妳傷心的事！**

他的明知故犯，才是妳真正應該和他好好溝通的部分，不是嗎？

我的意思是，到底怎樣算是純友誼、怎樣算是搞曖昧，是無論如何辯不清楚的。妳既然沒有抓姦在床的證據（而且我相信妳比誰都不希望有這份證據），男人就只會說妳「想太多」、說妳「疑心病」，甚至還有些會流露出一副受傷的樣子，說妳的不信任讓他傷心。
可是，難不成相信人性本善，就不能夠自我保護嗎？
就像我也相信路人都是奉公守法的好人，但難道我要因為相信人性本善，在 ATM 領完錢後，不趕快收進錢包，而要拿著一疊白花花的鈔票當扇子搧？

信任當然是感情裡最重要的事之一，可是，信任另一半，並不等於妳要對他和異性之間的交誼就要全然放任。有了另一半就要懂得「避嫌」，是尊重另一半、尊重自己、甚至也是尊重其他所有人的基礎。很多人都説女人要理性、要大方，男人有其他異性朋友應該信任他，不要捕風捉影，可是，為什麼是女人得努力去信任男人，而不是男人要努力贏得女人的信任？

很多事情其實沒有「應該怎樣做」的硬性規定，可是卻可以從對方的行為中，知道他有多在乎妳的感受。更何況，**有了女友就得和其他異性保持距離，其實不是為了做給女友看、而是為了做給其他異性看的，你讓其他異性清楚明白的知道你已經有了伴侶、有了責任、做什麼事得要考慮到另一半的心情和看法，不要給別的女人錯誤的幻想和期待，並不只是身為男友的責任，更是身為一個好人的義務。**

有些男人很喜歡義正嚴詞的説自己行得正、坐得端，是誤會他的人心思邪惡，妳質疑他，他就來「反正我對她沒感覺，她撲上來我也不會有反應」那一套，可是讓我們説得白一點，如果不是你讓人感覺有機可趁，人家幹嘛撲上來？

很多人會說，給男人自由，他才會更愛妳，於是有太多太多的女生，都被這句話困住了。可是，自由不是放肆、更不是不尊重他人，如果他根本就是在玩火，妳還給他自由，不是更慘？

我想，堅持自己和那些紅粉知己只是純友誼的男人，只分為「心裡有鬼不承認」以及「真心認為是純友誼」這兩種。
前面那種是劈腿問題，他都已經劈腿了妳還跟他爭論什麼叫純友誼，簡直跟三點半了才打算去銀行一樣，完全來不及；而如果妳的男人是後面那一種，我只能說，讓他了解妳的感受、比爭論誰有道理更重要。

就像我和念書時的男友為了那個女同事爭吵不斷，氣話造成了裂縫，最後即使是他換了打工的地方、跟那女同事完全沒聯繫了，我們之間的感情終究還是回天乏術。很多年之後我們聊起當初為何分手，他突然問我：「妳真的覺得我跟那女生有怎樣嗎？」要是當年我肯定回他：「要是沒怎樣你為什麼老送她回家？」可是時隔多年後我捫心自問，不，當年我並沒有真的以為他背叛了我，我只是希望他能夠為了我和其

他女生保持安全距離。如果當年我能好好的表達自己的感受，告訴他「這樣我會緊張」、請求他「多照顧我的情緒」，最起碼，我們能夠更了解彼此的感受，而不是無謂的爭吵。

因為，在感情裡，很多事情沒有絕對的對錯，但如果他願意珍惜妳，就請他不要那麼做。

劈腿的人到底會不會改

小敏喜歡上一個有出軌記錄的男人。

朋友紛紛反對這段戀情，警告小敏劈腿這事絕對是有一劈就有二劈，但男人卻一再保證自己的專情，還說上次出軌，純粹是因為前妻有眾多缺點讓他受不了。小敏的朋友說那只是劈腿男的藉口，但男人將前妻所幹的瞎事舉證歷歷；小敏的朋友說狗改不了吃屎，但男人卻說，人不經一事不長一智，正是因為他有過那麼慘痛的失敗婚姻，才會更加懂得珍惜和經營……
總之大家說的都有道理，於是，小敏真的很想知道，狗到底改得了吃屎嗎？

吶，如果是說真的狗的話，我敢指天立誓掛保證，狗是絕對改得了吃屎的——前提是，牠的主人有耐心、以及有能力去找出問題到底出在哪裡。我有個朋友養了隻小瑪爾濟斯，白澎澎綿軟的毛多麼可愛，偏偏對食屎情有獨鍾，老是吃了滿嘴糞。

朋友為了改正小瑪爾這個惡習，換過無數種飼料最後邁向鮮食之路（為了能開伙，她甚至還搬了一次家）、每次出門溜狗都要帶無數道具（狗零食、響片、火眼金睛阻止小瑪爾吃屎）、花大錢請訓練師……總之，小瑪爾最終的確成功改變了，但是，為了幫小瑪爾改正惡習，我這個朋友，卻做出了更多的改變。

我的意思是，「改變」這件事其實很困難，並不是下定決心說「我要改、我會改」就改得了的，不先找出真正的問題在哪裡，怎麼知道要從哪裡開始改？

所以癥結點其實就在於：會出軌的人，到底出了什麼問題？

很多人最愛為劈腿者開罪的藉口，是「感情先有了問題，第三者才能插得下手」，我百分之百贊同這句話，物必自腐而蟲生，確實是鐵錚錚的事實。
但重點是，在「感情出了問題」到「第三者出現」這中間，明明有很多時間去處理那些問題呀，為什麼卻拖到了最後？

其實，劈腿這個行為，真正揭露出的問題，從來都不只是人對感情的不忠和善變，而是當兩人在感情裡遇到問題、相處觸礁時，有沒有能力和誠意去解決。**很多男人會把自己劈腿的原因歸咎在「我和女友／老婆個性不合」上，於是乎想和這個男人在一起的女孩子，就花大把時間去研究男人到底是真的和老婆不合、還是只是純粹的見異思遷，卻忽略了一個重點，那就是：即使男人與元配「不合」是鐵錚錚的事實，但如果這個男人解決個性不合的辦法就是出軌，那全天下有哪個女人能跟他合？**

沒有一段感情是完全不用磨合的，即使我們都很努力尋找適合的人，可是或多或少還是會碰到觀念不同、想法不同的時候，能一起找出磨合的辦法是最好，若真的無心再繼續，那麼，如何在傷害最小的情況下結束一切，也是智慧的考驗。

有些慣性劈腿的人，其實是缺乏和另一半溝通、一起解決困境的能力，所以遇到問題，他無力解決，就換下一個新對象；也有些人分明已經不愛了、卻不敢說出口，沒有能力面對另一半的怨恨、沒有能力承擔先放手的愧疚，就拖著拖著拖到第三者出現；還有些人從頭到尾都不知道感情這種東西需要

維護、需要經營，只是缺了就找，膩了就換……總而言之，**一段感情走不下去，或許雙方都有責任，但走不下去時卻選擇劈腿這種行為，卻絕絕對對不只是感情出問題，而是性格有問題。**

想知道劈腿的人會不會再犯，那麼不妨問問他：上一段感情失敗的原因，他知道出在哪裡嗎？
如果他從頭到尾，都沒提及自己的軟弱、逃避、或者其他性格上的弱點，純粹把責任推在另一方身上的話，那麼，還是多加考慮一下吧！

再愛，也要學會不勉強

朋友同居了七年的女友，說要分手。

他只問了句：「妳真的決定了嗎？」然後得到女生肯定的答案後，就再也沒說過任何挽回的話。然而他平淡的態度，卻讓我們共同的朋友圈裡，一位小我們整整一輪的女孩不解，小女孩不斷問他為什麼不再努力試試看，甚至還質問他，「是不是也想分手，不然為什麼不努力挽回？」可是我卻明白，不是他的心不痛，而是，人到了一定的年紀就會明白，感情是無法勉強的，你可以用感性的話勾起對方的留戀，也可以用無情的責罵勾起對方的愧疚，可是然後呢？也許對方因此而猶豫了、也許你們之間可以再多撐個幾個月、甚至幾年，然而那樣就夠了嗎？

只要在一起，就夠了嗎？

時間帶給人的磨練就像是滴水穿石的日以繼夜，年輕的時候，

我們只要遇到一點點戀愛難題，即使只是男友不接電話這樣的單一事件，都足以讓我們坐立難安，人生像是被按下暫停鍵的電影，在得到答案之前，只能不停跳針。

可是後來，我們都學會和傷心和平共處的本事，無法處理的部分，就暫時擱置，其餘的就一切照舊運轉，能吃能喝能睡，就像我一個女生朋友曾經在工作最忙的時候失戀，她攤開手記本，八點打卡，九點到廠商那開會……行程一路排到晚上八點，然後開玩笑的在九點的位置寫下「為失戀痛哭」，連傷心都要排隊。

我想起小時候被淒美的愛情故事感動時，大人們總說那些都是騙人的，說：「等妳長大就知道，愛情只不過是人生的一部分。」那時候，我總覺得大人們太過現實、甚至麻木不仁，甚至暗暗下了決心，以後絕對不要變成這樣子的人，可是等到我也成為了大人，才明白，我們只是學會了「不勉強」。

不只是不勉強別人，更加是不勉強自己。

因為**我們都曾經經歷過，都曾經為了愛勉強自己變成一個不像自己的人，但那樣做之後，即使勉強留下了對方，代價卻**

是連我們都不愛自己了、看不起自己了，然後，終究有一天會累、會到極限，然後所有努力都白費。

最近迷上一部超長篇小說《我當道士那些年》，裡頭有一段極小的插曲，卻讓我有了很多感觸。有個男人因為雙方家裡都反對，最終沒能和摯愛的人在一起，而娶了另外的女人當老婆，他一直遺憾著，一直想念著摯愛的那個女孩，可是隨著時間過去，他慢慢發現自己想念女孩的時間少了、短了，因為每當他一閒下來，腦子裡幽幽浮現當年那女孩的身影時，往往就被老婆叫他去買罐醬油、或者是兒子又幹嘛了的聲音打斷，因為把日子繼續過下去，比沉溺在過去來得重要。也就是在那時他才明白，其實根本沒有什麼好遺憾的，因為他不是一個能夠自私到不顧一切的人，那女孩也不是，要是當年兩個人執意在一起，背負著家人的失望，只會讓兩個人都不快樂。他的體悟是：生活豈能盡如人意，而難道不如人意，日子就不用過下去了嗎？

並不是長大了，就把愛情看得淡了，而是終於都明白，強摘的瓜是不會甜的，不是在一起就好了，而是要好好的在一起。

因為風花雪月只是愛情的一小部分，真正的愛，還包含了責任、承擔、以及接受。成熟的愛不再是飛蛾撲火，不是得到、就是毀滅，而是選擇對雙方都好的方式，好好的把日子過下去。

很多時候，我們不去挽回、就這麼眼睜睜的看著對方走，並不是因為不愛，而是明白自己做不到對方想要的，勉強自己去做的下場，最終只是讓自己變得怨恨、變得委屈、變得不甘，而那些負面的情緒，才真正會將一段感情生生毀滅，把曾經的美好也變質成怨恨。

人有很多慾望，要安定也要刺激，要溫柔又要勇敢，要在同一段關係裡，整合你對人生所有的渴望，沒有人說那很容易。

承諾，憑著就是一股「一定要努力做到」的決心。

愛情專線
1999

客服碎碎唸

愛你的人不會讓你傷心　這樣的論調好像都要
變成金科玉律，只要我們一受傷，就下意識的
懷疑對方是不是不愛你。只是啊只是，我們誰
沒在無意之間，傷害過我們心愛的人呢？
傷心，難過，誤會，衝突⋯⋯其實是每一段關
係裡都難以避免的困境。就像是一個健康的
人，也難免要感冒生病腸胃炎，只是會好，遲
早會好。
原來，真愛不是銅牆鐵壁，而是具有修復的能
力。

客服碎碎念

———

沒有一段感情，不需要你稍微改變自己。

只是差別在於，在一段錯的戀愛裡，你的改變
源自於備受威脅的恐懼，害怕再不改變，就即
將要失去；但在對的感情裡，你改得心甘情願、
甚至不知不覺，因為你有信心，每一次轉彎，
都是因為發現了幸福的捷徑。

愛情專線
1999

鬼擋牆求解請按

3
👆

要怎麼忘記一個人

誰還記得，是誰先說，永遠的愛我？

有一些歌是那樣子的。在 KTV 裡一播出來，然後在喝酒的、在大聲聊天的人，無論本來在做什麼，都會在歌詞唱到某幾句時，停下手邊的事，就這麼出神的盯著螢幕。然後，在幾秒鐘的忡愣後，像瞬間回魂似的，又若無其事的接著做本來的事。

是誰說了，永遠的愛我呢？
我總覺得，在這句歌詞出現時，每一個人的心裡，都浮現了一個你希望忘記的名字。

我們都曾經很愛過一個人，在度過最初那種痛不欲生後，你開始能笑了、你開始會對別人動心了，甚至、你開始願意和另一個人一起努力了，你真的以為自己已經好了，帶著劫後餘生的榮耀，都為自己驕傲。

可是，慢慢你會發現，也許你可以丟掉那些傷痛的回憶，卻抹不去你所受的影響，也許現在的不安全感，來自於曾經被背叛的震驚，也許現在的堅強偽裝，來自於當初太軟弱的陰影，表面的傷會好，但卻在靈魂留下了印記。

你不想那樣，比誰都不想。
但是你拿那樣的自己無能為力。

常常有人問「要怎麼忘記一個人」，原本我以為，我們可以靠時間、或者投入其他事情來淡忘，但是，曾經發生過的事，就是永遠不會忘記的。就像是在歌詞出現時他的名字就是自然而然閃過心中、就像是你會發現自己的改變是因為他的緣故，**我們無法把某些人從記憶中根除，是因為他在我們生命的某一段，出任了戲份吃重的角色，他已經成為你生命的一部分，你忘不掉他，就跟你無法忘記自己是誰，是一樣的道理。**

當我們一直想忘記一段過去、或者忘記一個人，很多時候是因為我們並不喜歡那時候的自己，就像很多人講起曾經讓自己痛不欲生的戀情時，總會說「那時候的我就是笨」、「當

年我就是太死心眼」……用置身事外的雲淡風輕，嘲笑著當初的自己，比誰都不留情。我們太想好起來了，於是否定過去的自己，就像是一種對自己的信心喊話，你只是想告訴自己，嘿，我現在聰明了、我現在堅強了，我好了，I'm Fine。

可是，無法和過去的自己和解，怎麼可能會好？

在 Jolin 的〈第三人稱〉MV 裡，劉嘉玲扮演成長後的 Jolin，優雅的、自信的走過來，對過去的自己說：「妳做得很好。」第一次看這隻 MV 時我哭了，那麼無法克制的流下眼淚。那時候我才發現，真正的愛自己，並不是偏執的要自己不斷的學習什麼、進步什麼，更不是買漂亮的衣服包包，而是接受自己的全部。**否定過去的自己，從來都不是真正的成長，全世界誰都可以不諒解你，但你怎麼可以不諒解自己？**

你做得很好。
當年那樣單純天真很好，後來努力讓自己打起精神來很好，即使是在那段讓你受盡委屈的關係裡，你也做得很好。我們那麼努力想忘掉某些人，卻忘了活生生的割捨或遺忘那些記

憶，只會讓自己不完整。

我還記得黃子佼和小 S 在《康熙來了》大和解時，講到當年的三角戀事件，小 S 說：「所有的 Detail 我都記得，可是現在對我來說，都變成是好的故事。」看，她不僅記得，還是記得所有細節呢！可是誰會說她還未痊癒？原來，想要從失戀的傷痛走出來，重點從來不在於記得或忘記，而是你怎麼看待那段回憶、看待那時候的自己。

如果說逝去的感情就像是一張與舊情人的合照，那麼，如果硬要拿剪刀把合照裡他的那一半剪掉，只會顯得更殘缺不全，倒不如好好看看那張合照中的自己，也許你笑得很燦爛、也許你渾身洋溢著幸福的光，還有，最最重要的是，即使那個與你合照的人早已不在你身邊，但你眼睛鼻子都沒有少，和當時的你一模一樣，你其實什麼都沒有失去。

要怎樣他才會喜歡我

男孩喜歡一個社團裡的學妹。

大部份時候，學妹對他愛理不理，訊息過很久才回，好不容易接通電話，學妹卻冷冷的問：「你又不是我的誰，我有義務一定要回你嗎？」可又有時候，學妹又會主動打電話給他，說說笑笑、若無其事，找他幫忙修電腦、或者說起想吃什麼餐廳。就在這樣忽冷忽熱的態度下，有一天他突然發現學妹和其他男生單獨出遊，他大發脾氣質問學妹是不是在利用他，然後，就被學妹封鎖了。

男孩說，他真的很喜歡這個學妹，問我該怎麼做學妹才會原諒他，就算只是當普通朋友都好。而我的感覺是，或許你口氣不好、或許你態度不佳，但是連你自己心裡都清楚，學妹只是把你當工具人，這才是一切問題的根源，不是嗎？

可是因為男孩看起來好心急、好難過，我還是安慰了他幾句，

然後告訴他，如果他真的很怕是自己的態度讓學妹不開心，那麼就用寫信或其他能夠聯繫到學妹的方式，把自己的心意和感覺再好好的傳達一次。

沒想到過兩天，男孩又跟我說：「我都照妳說的做了！但她還是不理我！根本沒有用！我看一個把妹達人說，追女生就要用Ａ招，妳是女生妳比較了解女生，妳覺得呢？」

說實話，在那一瞬間我是生氣的，那是一種揉合了「你要是覺得別人教你的招數比較有用，那幹嘛還來找我」的不爽，加上「最好每個女生都吃Ａ招，那你怎麼不拿Ａ招去把林志玲」的不屑。因為這股不服氣，我特地去看了那個把妹達人的文章，原本以為會看到一堆讓我翻白眼的謬論，但沒想到仔細看了以後，卻覺得很多事都說得很有道理，因為那個達人，其實只是舉了一些正面以及反面的例子，強調了說話口氣的重要性，根本沒有傳達什麼「用這招把妹一定中」的邪法，只是心急的男孩把人家的言論當成了起死回生的特效藥。

於是我心平氣和了。甚至暗暗覺得自己好笑起來。這種強求，

我也曾有過不是嗎？

強求就是，你明知道對方不喜歡你，如果你用自然的態度、用真正的自己和對方相處，根本就不會被對方看在眼裡，所以你只能寄望於一些所謂的「招數」，希望能找到一個機會。

還記得我曾經喜歡過一個男生，喜歡了好久好久，可是他卻有個穩定交往中的女友。後來，他的女友劈腿，跟一個手頭很闊綽的老男人走了，於是男生在傷心之餘，開始變得有點憤世嫉俗，而好不容易等到機會的我，一心想讓他知道我是一個好對象，於是拚命強調自己獨立自主、不花男生的錢，連在便利商店買飲料，都堅持要出自己的份。

可是曖昧了幾個月之後，他卻跟別的女生在一起。

那時候我一直在想，到底我是哪裡做錯了呢？是太急著表現獨立自主、所以忘記要偶爾撒嬌，滿足男生的英雄感？還是我不應該等他回復情傷，應該直接表白？

過了幾年，男孩和女友又因為類似的問題分手，然後找我吐苦水。我不願意再當一次療傷小護士，帶著一點點「誰叫你當初不珍惜」的賭氣，拒絕了他找我吃飯的邀約。然後，當我聽見話筒另一端傳來他說「那有空再約」的聲音，那麼自然、那麼雲淡風輕，就像是你約朋友吃飯、而朋友剛好沒空時，你什麼也不會多想的態度。

那一刻我才發現，原來從頭到尾，我都在演一場只有我自己看的獨角戲。因為，他不會反覆思量我的行為，研究我每一句話裡隱藏的涵意，對比我的輾轉反側，也許他當年只用三十秒就做了「這個女生對我有好感，但我沒那意思，還是當朋友吧」的決定，然後就再也沒有細思過我的一言一行。我在那兒努力的演堅強、演獨立、演不希罕，誤以為他沒有反應因為我演出不夠精彩，卻沒有發現，這從頭到尾都只是我一個人的獨角戲，因為他根本就沒在看。

當我們喜歡一個人時，我們總拚命的研究，要用什麼方法吸引對方注意，卻忘了一件最重要的是，那就是：任憑你花招盡出，但對方不接招，你能怎麼樣呢？

有句話説「你既無心我便休」。

感情本來就沒有「只要我做了什麼，對方就一定會喜歡我」這回事。

你只能確定，你做的一切都是你想做的，你做的這些以後都不會後悔，努力過，對得起自己，就好了。

為什麼不愛妳了，卻還要對妳好

Tina 的男友提出分手，而 Tina 捨不得兩年多的感情，狀況僵持不下。男友態度堅決十分絕情，但看 Tina 落淚又會捨不得的柔聲安慰，男友以「已經分手」為由經常不接電話，但 Tina 生日那天又在準十二點送上祝福……總之在這樣反反覆覆的過程裡，每一次男友稍加示好，她都以為是感情有了轉圜，可隨即男友又會以更絕情的態度打碎她的希望。

她說，她真的不懂，男友如果真不愛她了，又為什麼對她好？

是啊，**我們都為以為對妳好，是一種餘情未了的證據。**
可是親愛的，重點是：誰告訴妳說句生日快樂還是好聽話，就叫做「對妳好」？妳的標準何時降到這麼低了？

人的思想和作為是很複雜的。我起碼認識十個會把上司、同事、或任何他想討好的人的生日標註在手機行事曆裡的人，連飛彈殺人都能設定發射日期和時間、FB 貼文都能設定排程了，生日簡訊有什麼難的？

我也起碼知道十個 FB 摯友圈裡設定的全是同事、同業的人，別說他真正的摯友榜上欠奉，就連他的家人也被他取消追蹤，那麼妳難道以為他追蹤的那些人，在他心裡的地位就勝過家人嗎？當然不是這樣，跟那些 FB 上的摯友吃飯，他絕不會請客，但每個月他的薪水卻一半交作家用，妳說，他到底對誰比較好？

我想，我們都被一句叫「如果不愛妳，何必對妳好」的話給限制住了，所以只要別人給了一點好處，妳就會誤以為他愛妳。這句話其實沒有錯，只是我們常常無法分辨，他做的那些事，到底是真的為妳好，還是只不過是他想裝好人，而妳是最適合的龍套。

我們常常用「良心被狗啃了」六個字去形容壞人，但諷刺的是，良心即使被狗給啃了一大半，總也還有殘缺不全的一丁點，電視上不常報導殺人犯在家做馬給女兒騎、搶劫犯買便當給路邊老人吃的新聞嗎？有多少人做了壞事以後良心難安，捐出一大筆款項後就每晚睡到打呼？要不那個靠賣毒油發財的魏某某，都不在乎毒死多少同胞了，又怎麼會大發善心，

成為某佛教團體的大戶？

事實是，除非是那種心理變態的連續殺人狂，否則絕大多數的人，都還是會為其他人的苦難動容的，更何況只要妳平心靜氣下來，終於還是得承認，對方或許對愛情不夠死忠，但終究不是什麼惡盡惡絕的王八蛋，他這輩子做過最傷人的事，不過是辜負了你的感情。

所以是的，他會對妳好、甚至會主動關懷妳——但不見得是為著妳，更多的，是為著安撫他自己的良心、為了成全他好人的形象。

離開一個深愛的人，就像是在戒毒一樣，妳已經忍得夠痛苦，他偏偏還時不時拿出毒品在妳面前晃，意志力再堅強的人都忍不住動搖。可是請提醒自己吧，當初妳難道不知道戒斷很痛苦嗎？當初為什麼決心再痛也要戒掉他？不就是因為妳跟他在一起不快樂嗎？

亦舒有一本小說的女主角堅持與老公離婚後如此自白：「我這個人，不貪享受，沒有企圖，亦不欲高攀，只希望伴侶忠實的愛護我，既然做不到這樣，又何必戀棧？」感情是互相

的事，平衡才能長久，妳給他五十分的愛，他最起碼也該還妳四十五分，拿一塊錢想買五十塊的東西，從來都不叫良心未泯，叫搶劫。

真正的對妳好，是一種「量身訂做」的付出。不是他想給什麼，而是妳想要什麼，不是他想給就給，而是妳需要的時候，他要在妳身邊。

至於那種他老子高興就出來虛晃一招，轉個頭又不見蹤影的？容我說的直白一點，路邊定時餵流浪貓狗的人，都還比這個付出更多，而妳，想當他人生裡有一餐沒一餐的流浪狗嗎？

太快到手，就不會珍惜

關於愛情，流傳著很多很多似是而非的名言，比如說「太容易到手的，就不會珍惜」。而每次當我看到有人宣揚這種觀念，就會忍不住在心裡 OS：「拜託，太容易到手『什麼』？是指身體？還是指承諾？那麼你能保證，拖多久之後才被『到手』就一定會被珍惜嗎？」

會對這句話這麼厭惡，是因為我曾經也相信著這個根本不合理的教條，結果錯過了一個明明我也好心動的男孩。當時，我用「那就是他不夠喜歡我，吹了也不必可惜」來安慰自己，可是後來越想越明白，這不過是我自欺欺人的藉口。

第一，我跟男孩在朋友的生日聚會上認識，也不過就是一面之緣，他要是會對只見過一面的女人為之瘋狂，那絕對不是因為我有那麼迷人，而是他根本就是個毫無理智的神經病！

第二，要是有個人明明喜歡我，卻要夭鬼假細意，玩什麼欲拒還迎的把戲，我肯定只會覺得他又做作又自以為是，對他的好感立刻泯滅殆盡吧？誰會喜歡談戀愛還要耍心機的人？

後來我常常在想，女人那麼在乎「男人能不能撐到最後」，是因為我們都有某一種程度的把握，不管遇上任何難關，我們都願意努力克服，就像很多女生常常說自己不介意付出、甚至也不求回報，只求「對方知道我犧牲了多少」就好一樣，只要對方不輕言放棄，那麼，即使再辛苦，我們都願意。

有決心是好事，只是有時想想，明明感情是兩個人的事，為什麼女人會下意識把最簡單的工作分配給男人呢？當然，男人面對感情事，有時就是得過且過，可是，這種「因為他不會經營，所以我來努力」、「交給他只會搞砸，還是我來掌握」的作法，會不會才是很多男人最後對這段感情可有可無的真正原因？

在感情裡，女人往往是比較心急的那一方。我說的心急，不是指女人急著嫁，而是說，在遇上真心喜歡的人時，我們再怎麼告訴自己「不要強求」，腦袋裡還是忍不住畫起未來的**藍圖。因為女人對感情、對情緒都比男人敏感，所以，當兩人溝通出現問題、或者價值觀出現分歧，女人往往比男人先查覺到、也比男人先感受到「這個問題沒解決，最後會走不下去」的壓力。**

於是，女人覺得事態嚴重，急著解決，經常等不及男人反應過來，就把事情全攬在身上做了。可能妳絞盡腦汁的修正了相處的方式、更可能妳犧牲了一部分的自我委曲求全……妳做了很多很多，即使當下他認為妳根本是在找他麻煩，但妳全寄望在他「總有一天」會懂。

可是，萬一他就是永遠不會懂呢？

我曾經看過一篇小說，主角是一個能預測未來的人，有天他在路邊看到一個路人，預測到路人過馬路時即將發生車禍，於是他事先將路人撞倒。但事後無論主角怎麼解釋，路人都不相信他能看到未來，只覺得主角是刻意找碴。

而在愛情裡，女人不也常常扮演著那個「能夠預測未來」的先知嗎？舉最簡單的例子來說，女人常常敏感的察覺到男友的女同事對他有點意思，如果不把這份情愫扼殺在起跑線，很可能會變成燎原大火，但是，當男人沒有危機意識時，他非但不會感激妳做的一切，相反的，只會怪妳疑心病，妳覺得妳在救這段感情，他卻覺得妳在搞破壞，而妳要怎麼去證明，自己是真的看見了危機、而非危言聳聽？

與其說「越容易到手，就不會珍惜」，倒不如說「別讓男人過得太輕鬆」，我的意思不是說女人要刻意找男人的麻煩，而是一段感情要維持下去，從來就不是容易的事，妳把維護感情的責任都攬在自己身上做，另一半坐享其成，當然就不會珍惜。

很多時候我收到男網友的訊息，看到他們為了經營一段感情所費的苦心，仔細問他們的交往歷程，往往也並沒有什麼「苦追一年多才到手」還是「交往半年後才發生關係」的先決條件，只不過是他們的女友相較之下，對這段感情最終是好是壞，似乎比較無所謂、或者比較沒主張，他們就只好擔起維護的重任而已。

前些日子大掃除，我清出了一堆無用的收藏品，甚至還有當年求爹爹、告奶奶，只差沒有對人以身相許，才要到的偶像簽名海報。這些東西當初都得來不易，但我丟掉時卻完全毫無懸念；反倒是我曾經為了防塵，親手縫過幾塊布蓋在櫃子上，每次我都想丟掉這幾塊布，但想到當時收邊時的辛苦，最後往往又將它收回儲藏櫃裡。

小王子來到地球，乍見到地球有那麼多長得一模一樣的玫瑰時，他失望極了，直到狐狸用一句話點醒了小王子：「因為你把時間投注在你的玫瑰花身上，所以她才會如此重要」。

珍惜，從來都不是因為難以入手或與眾不同，而是因為你在上頭花費了許多精神功夫。

搞曖昧卻不表白

大概有不少女生，都曾經被那種「對妳好，卻遲遲不表白」
的男生給搞得頭昏腦脹過。

一開始，妳以為他怕被拒絕，後來，妳以為他在等時機，直
到兩人之間的新鮮感漸漸淡去時，妳才開始慌張，而且那種
慌張的諷刺在於，在他一開始對妳示好時，妳真的以為十拿
九穩、過不了幾天就會開始交往了、甚至心裡早偷偷的把他
當另一半看待，等到他逐漸冷淡，妳真的有一種被耍了的憤
慨。

只是難堪的是，他從來沒說過要跟妳交往啊，於是妳連痛斥
他拋棄妳的立場都沒有，不管女性主義學者說什麼，對女生
而言，在戀愛裡一頭熱，就是最傷自尊的事。

活像後腦挨了一記悶棍似的。

妳在認定他就是玩弄妳的感情、跟不知道自己是不是做錯什

麼導致失去機會的懊惱中搖擺了一陣，畢竟沒有真的在一起，所以哀悼期好像也不會太長。可是，這一個懸而未解的疑問，會永遠卡在妳心裡，畢竟沒有人喜歡死得不明不白，甚至我身邊還有朋友和這樣的男人斷斷續續曖昧了十幾年！每當那男人一出現，她就瞎嚷嚷：要殺要打，放馬過來我接著呀，就這麼卡著，算什麼男人？

可是，妳有沒有在服飾業上班的朋友？是不是常常聽他們抱怨「有些客人為什麼一直試穿卻不買？」

説那樣的奧客完全是存心整人，其實並不盡然，畢竟穿穿脫脫也是要時間的，要是完全不喜歡那件衣服，誰會花那種閒功夫？只是，**「喜歡」是一種發自內心的感覺，十分純粹、萬分衝動，但若想要「擁有」，卻得要考量現實狀況能否負擔得起。**
購物是這樣，愛情恐怕也是這個道理，比如説，男人可能喜歡妳的活潑有個性，喜歡和妳相處時的輕鬆 Easy，但説到交往，他就得考慮妳不夠馴服的個性他是否有能力 Hold 住……總之，他沒有把握馴服妳，也就是説：他配不上妳。

可是，對深受對方忽冷忽熱困擾所苦的人來說，「他配不上妳」這五個字大概只有十分鐘的安慰效果，無論妳在人前裝得多麼雲淡風輕、理智冷靜，在心裡的最深處，妳就是渴望和這個人在一起。

我也曾經遇過這種狀況，與其說是傷心，倒不如說是不甘心，於是忍不住暗暗觀察他後來交往的女朋友，想知道那個女孩到底哪裡比我好，為什麼能得到他的承諾。結果後來才聽說，那女孩不像我那麼ㄍㄧㄥ，她比我主動、比我積極、她約男生出去洗溫泉以後問：「那我們現在是什麼關係？」然後才得到了女朋友的名份。原來有些戀愛跟購物適用同一套行銷理論，本來還猶豫不決、不知道要不要買的東西，如果店員強力推銷還主動折扣，說不定就能成交。

只是，不值得。

誰先表白其實沒有關係，有關係的是「撩撥別人情緒卻不付責任」的行為，說這樣的人是在玩弄感情，或許是太苛刻了點，但，他們只顧著自己喜歡和妳相處調情，卻沒考慮到妳

的感情被撩撥、卻得不到承諾的煎熬，他們在乎自己的快活，多過在乎別人的感受，卻是不爭的事實。我不能說他對妳的愛不會隨著交往後發現妳更多優點而增加，但是，他是一個不 Care 他人感受的自私鬼，這是永遠都不會改變的，而愛上一個自私鬼有多辛苦，我們都知道，不是嗎？

我常常覺得，會疑惑別人「對妳好，為什麼不表白」的人，本質都是不貪心的、懂得感恩的，才會把其他人那一點點的示好當成珍寶，卻忽略那些「好」說穿了根本不費他什麼功夫。他來接送妳是因為他想要見到妳，他願意陪妳是因為妳有吸引力，他大半夜打給妳一聊三、五小時，是因為妳的言語幽默風趣、和妳談天很開心。與其說是對妳好，倒不如說，是待在妳身邊，讓他感覺良好。

可是，在妳心情不好而無法幽默風趣、反而歇斯底里的時候，他還會耐著性子陪妳嗎？在妳受到挫折而憤世嫉俗時，他還會記得妳美好的一面嗎？

喜歡妳的笑容很容易，美好快樂的事物誰不愛，但他有沒有

喜歡到願意擔起逗妳笑、甚至保護妳、讓妳永遠能開心的笑的責任？如果沒有，那麼，他確實是配不上妳，才會只能跟妳搞曖昧而不敢擁有妳，這樣的人，就不必可惜了。

如果⋯⋯你還會愛我嗎

過年很應景的去看了賀歲片。男女主角先上車後補票，不小心「五心」了，風風火火趕著要結婚，可當爹的豬哥亮卻看女婿不順眼，從頭刁難到尾，說好了大訂六十六萬人民幣只是面子，事後會退還給人家，可臨到該還時，卻找盡理由扣著錢不還。男方那邊的長輩酸言酸語的，男生面子掛不住，扭過臉來就對著女主角大吼大叫，結果女主角更絕，轉個臉就跑了，電話不接、叫門不理的，婚事談到一半，新娘卻跟新郎冷戰起來了，怎麼辦？

看到這裡時，我其實是對女主角很不以為然的。我心想，哇靠，妳發什麼脾氣？那是妳爸，妳當然知道他只是愛面子而不是愛錢，可是男方家人又不認識妳爸，有這樣的誤會也很合理不是嗎？

不過這是賀歲片又不是劇情片，總之，女方生氣、男方又哄又追本來就是喜劇的基調（但是我討厭死這個基調了，宣揚

「男生愛妳就該包容妳的無理取鬧」，表面上是浪漫，實際上卻是毀謗，因為女生生氣都是有原因的，才不是無理取鬧）。直到看到最後，男主角佈置了浪漫場景說「我還欠妳一個浪漫的求婚」、甚至主動在魚塭追著豬哥亮說翁婿應該多了解一下時，我突然明白了過來，女主角當然應該生氣啊！要是我，我他媽的也會生氣，這男人從頭到尾就是人家一個口令、才有一個動作，一點都不積極主動，第一次去見岳父，雙手空空穿條破牛仔褲，明知兩岸習俗大不同，卻完全沒做功課，完全就是一副「反正都懷孕了，妳不嫁也不行」的理所當然，不禁讓人要問，誠意呢！你的誠意呢？！

甚至更深入一點的說，要不是看不出你的誠意在哪裡，人家會那樣刁難你嗎？

不是每個女人都有肚裡帶著球、被男方那種「反正都懷孕了」的態度氣壞的經驗，但是在一起久了，被男方「反正都交往這麼久了」的憊懶給氣壞的經驗，我相信每個女人都有。追到手後態度就變了，實在是老生常談，女人其實也沒有天真到希望永遠都像追求期一樣甜蜜，不是天天過年的道理女人

也懂，可是，即便不是天天放年假，但總得週週有週休吧？

想要過節？他說「反正老夫老妻何必搞浪漫」；想要聽甜言蜜語？他說「反正妳知道我心意就行何必講出來」。男人怕麻煩，什麼事都何必、何必，何必到後來，女人就會想：「那我何必跟你在一起」？

我們到底為什麼要跟對方在一起？
或者換個更直接的方式問吧！談戀愛，我們到底圖什麼？

我不知道男人圖什麼，最起碼我問過一打男人，他們就是講不清楚，這種情緒性的事物，男人拒絕思考。但對女人而言，「被愛的感覺」就像是一把萬能鑰匙，不管是求婚、求合、或者為任何一件事有爭執，這都是女生的唯一解。女生要的是愛，從盤古開天闢地至今始終如是，可是唯心論的東西只能靠唯物論證明，愛看不見又摸不著，到底什麼叫做「愛」？

我有個朋友已經結婚好幾年，至今仍在為求婚的事吵架。當年她跟男友說，她不需要花大錢、不需要鮮花鑽石禮物，只需要男人很有誠意的求婚，結果男人轉過頭來，握著她的手說：

「我真的很愛妳，嫁給我吧！」她都還來不及醞釀感動的情緒，男生就說：「嘿嘿，我剛是看著妳的眼睛說的，這樣有沒有很有誠意？」然後就低頭繼續玩手機。兩人大吵一架，男生最終還是買了束花、在高級法國餐廳單膝下跪，才結束爭執。後來男人老愛攻擊她「說什麼不用鮮花鑽石只要誠意，光有誠意還不是不夠」，而她也憋著一股氣到現在，女人永遠都不會懂，一邊求婚一邊打手機遊戲，男人怎麼好意思說那叫誠意？

我真的很希望男人可以用心看以下這一段。**女生所謂的誠意不一定是鮮花鑽石，女生所謂的誠意也可以是鮮花鑽石，誠意是「我看到你花時間花心力、花腦力、花毅力、努去表現你對我的愛」，誠意絕對沒有省麻煩、省力氣這種便宜行事的捷徑，要是簡單到像是吃飯喝水那樣容易，那叫「順便」不叫「誠意」。** 如果男人曾經一度覺得你送了昂貴禮物、帶女友吃了高級餐廳，她就不再叨念刁難、擺明就是想花錢的話，那麼我可以告訴你，那種花錢去證明的誠意，就像是過年去親戚家拜年提去的雞精禮盒一樣，是你不了解對方需要什麼，才只好用最世俗的方式去表現，即使拜訪結束後，對方家人

看著雞精禮盒相對皺眉、因為沒有人敢喝，但他們不會嫌棄，不是因為雞精禮盒夠貴，而是因為心裡有「起碼你顧及了禮數」的感動，有「沒有功勞也有苦勞」的寬容，對女生而言也是如此。

男人討厭麻煩，可是女人始終在找麻煩。
因為，整個人生的戀愛對女人就是一個「你真的愛我嗎」的證明題，回歸最原始的原型就是：「如果我不再漂亮／發胖／欠債／掉到水裡／失業／我爸說聘金要兩百萬……（以上這些總結為男生口中的「麻煩」）你，還會愛我嗎？」

如果愛我很麻煩，你還會愛我嗎？

交往久了就變了

在網路上看到一則非常有啟發性的新聞：一對男女在 FB 上相談甚歡、深受彼此吸引，因為情投意合，終於決定見面，結果不見還好，一見之下才發現，彼此竟然是夫妻！

接下來的結果當然是兩人破口大罵、大打出手，搞到餐廳只好叫警察來把這對驚世夫妻帶走，才結束這場鬧劇。而我看了這則新聞以後，真是滿肚子的感慨啊！這兩夫妻既然會背叛彼此、在網路世界出軌，想來是早已貌合神離，這一點並不稀奇，畢竟很多人都覺得另一半在交往久了或婚後就「變了」。

可是弔詭的是，在匿名的網路世界裡，他們居然又深受彼此吸引！這不就證明了這兩個人非但沒變，還保留著交往初期吸引對方的特質嗎？那為什麼卻相處不下去了呢？

於是我忍不住想，我們常常覺得另一半在交往的時日久了之後就變了，到底是真的嗎？

還記得有次我到大學演講，所有人都建議我，應該設定「如何讓另一半更愛你」這一類的題目，而我卻忍不住想到，曾經我也很想知道如何讓另一半更愛我，最後卻發現，無論是改變外表、製造神祕感、還是學著欲拒還迎……這些招數就像是感情裡的抗生素，當下很見效、久了卻有抗藥性，最後感情能不能維持，還是得回歸到兩人的日常相處。

所以，我跟大家分享了「個人特質」對戀愛的影響，那是我從養狗身上學到的啟示。因為養狗，基本上是跟一個「對你的愛永遠不會變」、甚至可以說「只有你拋棄牠、沒有牠拋棄你」的生命相處，而老實說，這不就是我們在每一段戀愛關係裡，最期望得到的嗎？可是即使有不變的愛作為基礎，相處卻仍然不容易，很多被不負責任的主人以「不聽話」為由丟棄的狗，到了下一個適合的飼主手裡，卻成為天使一般的存在，原因除了主人的耐心教導之外，能不能掌握「特質」更為重要。

最簡單的例子，就是以嗅覺靈敏特質出名的米格魯，在有能力掌握牠的主人手中，可以變成世界一流的緝毒犬，但到了沒有能力掌握的主人身上，卻會變成每天吃大便外加翻垃圾桶的惡魔。

會想和同學分享這個主題的原因，其實是我回想起自己學生時期，那時候的我，總覺得戀愛裡的那麼多問題，不過就是「對方愛的不夠，所以不肯改變」，可後來才漸漸明白，有些個性上的特質，其實沒有好壞之分，只看彼此懂不懂得相處的方法，有沒有能力牽引著彼此的特質往好的方向展示。有的時候，對方根本沒有變，只是我們還沒能學會維持的方法，以至於對方的特質漸漸以壞的面相呈現在我們眼前，就像有保固的商品，也禁不起人為的破壞。

當然，狗的特質比人類簡單且直線條許多，但道理其實是一樣的。就像那種活潑、風趣、總在聚會中成為眾人焦點的男人，基本上，別人聚集在他身上的目光，就是他的養分和自信來源，妳要他面對女友之外的異性時要不苟言笑、目不斜視，怎麼可能？
相反的，妳給他的崇拜目光要是不足以餵飽他渴求他人注目的靈魂，他百分之百就會向外發展，就跟活潑的狗要是溜不夠、就會在家裡拆房子的狀況，本質上不是一樣的嗎？

當然，這不是說感情變質都是我們的錯，而是「找到讓彼此

都舒服的相處方式」真的太難。如果把另一半譬喻成一台需要定期維修保養的機器，那麼，上油擦拭還是防塵防蟲都不過是支微末節，最重要的，是正確的使用方式。而這個使用方式，沒有人可以教你，因為每個人都是獨一無二的，絕不能完全套用同一種公式。

在許多浪漫的電影裡，都有著昔日戀人意外重逢、再度相戀的故事，對於上一次的失敗，電影總以「當初太年輕，不懂得珍惜」帶過，然後就看著男女主角努力做許多事討好對方，終於喜劇結尾。

當然電影要那樣演才會好看，可是，「珍惜」並非只是一味的討好對方那麼簡單，**所謂的珍惜，是你要主動了解對方，知道他需要什麼、受不了什麼；所謂的珍惜，並非是制式化的鮮花禮物，而是依照彼此的需要，琢磨出讓兩人都感覺舒服的模式**；所謂的珍惜，更不是遇到問題打死不放棄，而是要努力琢磨出讓問題減到最少的相處方法。

有位諮商師曾經跟我說：「妳要懂得反省自己」。

第一次聽到時，我覺得十分抗拒，覺得好像被指責一切都是我的錯，可是後來才漸漸明白，並不是做錯了才需要「反省」，恰恰相反的，是懂得省查自己言行舉止的人，往往最不會出錯。

懂得珍惜的人，肯定懂得反省，因為，永遠努力讓一段關係變得更好，就是一種對自己的幸福負責的態度。

愛情長跑的終點，是愛還是習慣

家族裡最小的表妹交了男朋友，將 FB 的感情狀態改成了「穩定交往中」。因為表妹未成年，她母親、也就是我阿姨，是又擔心、又不敢多問，一次來我家作客時，阿姨突然問我：「你們現在的小孩子的『穩定交往中』，是指交往到什麼程度啊？」

我告訴阿姨，FB 上的「穩定交往中」經常只是做為彼此確定交往、昭告朋友圈自己並非單身的宣言而已。阿姨對這樣的戀愛觀咋舌，不停說起碼要交往三年以上、最好論及婚嫁，才稱得上穩定，而我不禁在想，對我來說，什麼樣的愛，才有資格稱作穩定呢？

曾經，我認識了一個男孩，交往了兩年多，我們認識彼此的朋友、彼此的家人，我不只知道他的網路密碼，連提款卡密碼都知道，於是那時候的我以為，這樣就是所謂的穩定交往。

可是，卻沒有我想像中的幸福。

當然也不是沒有快樂的時候，但大多數的時間，卻像是瀰漫著一種悶悶的氣壓。日子久了，約會也就是吃飯看電影那些，我們還是會為了很多事起爭執，可是卻不像剛交往時，會因為對彼此的想念或渴望而快速和好，每一次吵架後，兩人不歡而散，過一陣子拿起手機再通話或見面，很有默契的裝作沒有事發生，甚至於用不著到對方真的發怒，從很細微的口吻上我們就能感覺彼此的情緒，因為不想再吵了，乾脆在吵起來之前閉上嘴。

可是那樣的默契，帶來的卻不是愉快，而是無奈，不能暢所欲言的結果，就是話不投機。我不再像剛認識時一樣，沒事也會想念他，常常覺得好像有沒有他都無所謂，可是受了委屈或生病時，又覺得幸好有他陪在身邊。而他也是一樣，開始弄不清這樣的「在一起」，究竟意義在哪裡。

後來我們很和平的分手了，兩人一致同意彼此之間只剩下了習慣。可是就從那時起，我對於自己能不能得到幸福，卻開

始沒自信。明明兩個人都是好人，沒有人劈腿，沒有人不相愛，也不是不努力，但為什麼愛到了最後，卻變成習慣？

因為對所謂的愛情長跑產生了疑惑，所以我開始偷偷觀察著所有愛情長跑的情侶，才發現，長時間積累的，往往不只是感情，還有不滿、還有抱怨，甚至我還遇過一對愛情長跑的情侶最後竟然面臨要結婚還是要分手的選擇。我問女生說「這個男人，妳甚至都想跟他分手了，為什麼還要嫁他」，她卻回答我「因為我在這個人身上耗費了多年的青春」，多年的感情，最終只剩下這種不甘心的執念。

直到我認識了一對讓我重新燃起希望的情侶。
他們交往多年，一直有個共同的夢想，就是一起開一間咖啡廳或民宿。好不容易存夠了錢開幕，我看著他們分工合作，生活裡不能少了彼此的牽絆，因為有一個共同的目標，兩人有商有量，讓我好羨慕。那時候我以為，這就是答案了，原來愛情長跑需要共同的目標做為動力，有所期待、有所收穫，才不會覺得日子一成不變。

可是沒想到，男方的爸爸中風了，需要他回南部照顧。在兩頭燒的狀態下，兩人都太累了，原本萬般美好、努力了好久才實現的夢想，卻變成了羈絆，他們甚至開始對彼此產生埋怨和不諒解。可是沒想到的是，最後他們決定把曾經的共同夢想，也就是咖啡廳頂讓出去，一起回老家。然後半年後，我聽說他們在老家的市區加盟了一間連鎖的手搖飲料店！

就在那時，我才突然明白，原來**所謂的穩定交往，並不見得是穩定的環境、穩定的相處方式、甚至也不是穩定的目標或夢想，而就只是兩顆穩定的、始終願意為了在一起而努力的心！**

因為人是會變的。我說的變，並非是感情生變，而是人的個性、喜好、需求……都會隨著時間改變，每個人都會面臨許多人生的關卡，也許是畢業、搬家、轉換跑道、甚至是一場大病改變了人生觀……並不是穩定交往後，一切就固定了，而是要時時刻刻了解彼此的變化，調整自己跟上、或等待對方的腳步，就像手機的作業系統和 App 要同步更新，才能夠一直維持穩定的狀態。

很多人都說，戀愛需要經營，才不會淪為習慣。但我想，經營的方式有很多種，因人而異，不見得是努力想出新花招，因為不是每個人都需要那麼大量的新鮮感，也不見得是時時製造驚喜，因為也不是每個人都喜歡刺激，唯有不斷的了解對方、也了解自己，才能找出讓兩個人都舒服的相處模式。原來愛情長跑是沒有終點的，最怕的就是自以為「都認識多久了，我很了解對方」就停下了探索，最後卻發現彼此越來越遠。

想要擁有穩定的感情，並不是一成不變，或是什麼特殊的招式，而是一種安心和決心。

當你不用再猜測對方那樣做是什麼含意，而是不懂就問；當你不用再計較誰付出的多，因為已經肯定對方一定會回報你同等重量的心意；**因為已經確定了對方就是那個值得的人，於是終於可以收起那些保護自己的小心機。**

然後，把所有的力氣，都用來和對方一起，好好努力幸福下去。

客服碎碎唸

在愛情裡，我們總是在追求「無可取代」的地位，可是說真的，這個地位有什麼用呢？有多少人心裡惦念著某個「無可取代」的人，還不是和其他人戀愛結婚？

真正的無可取代，是兩個人一起創造的人生、是兩個人一起完成的夢想、是兩個人決定相愛一輩子的決心，至於其他的，不過就是遺憾的執念。

客服碎碎念

———

戀愛不是得到就是學到，所以我們要感謝舊情人？也許吧！不過，請先感謝自己。感謝自己的意志力，讓妳爬起來；感謝自己的堅強，讓妳挨得痛苦。

任何一個王八蛋都可以教妳愛情大道理，但妳之所以學得會，是因為妳有學習能力，是因為妳有想讓自己更好的心，是因為妳有追求幸福打死不放棄的毅力。

給自己鼓掌吧。

愛情專線
1999

疑難雜症請按

4

當男友找妳肛交

前陣子電影《格雷的五十道陰影》上映，我接受了雜誌的採訪，主題當然是關於性愛。大概是和編輯聊得太開心，一時不察而尺度大開，結果雜誌上市沒多久，就接到了一個女孩的訊息，說她男友要求與她肛交，到底要怎麼辦？

「妳願意嗎？」我問她。

「當然不願意啊！那一定很痛吧！」女孩很憤怒，她説她與男友就「肛交是否安全」激辯了好幾個小時，男友堅持只要有適當的潤滑就不會受傷，又與男友就「肛交是不是變態」激辯了第二回合，男友亦堅持那是正常的性愛花招。「我真的不懂欸，男生為什麼會以為 A 片演的就是真的，根本是變態嘛！」

「那他有逼妳嗎？」我再問。

「他敢！」她忿忿不平的説：「只是他沒事就要提一下，搞到我們常常邊做愛邊吵架，煩不煩啊！」

呐，邊做愛邊吵架的確是滿煩的，更何況女人跟男人不一樣，只要情緒不對，壓根是一點兒感覺都沒有。我問了幾個女生朋友，發現每個女孩幾乎都遇過這種困擾，就算男友沒有直接提出要求，也會在做愛時企圖將手指滑向後門，試探妳是否接受。

而這時，妳就要問自己一個很重要的問題了，那就是：妳真的愛他嗎？

不不不，我當然不是說妳愛他的話，就手刀去買浣腸液吧，他又不是金城武，妳用不著犧牲這麼大。沒有人可以逼妳做妳不喜歡的事，只要妳不想，當然可以拒絕。只是，要斟酌拒絕的態度。

我相信大部分只想把屁眼保留給大便的女孩，聽到男友提出這種要求，絕對是很震驚的，因為太 Shock，妳會忍不住罵他變態，把「男人就是物化女人」、「父權壓榨」、「這次是肛門下次難道是鼻孔」那些妳聽過的女性主義理論都拿出來罵他，妳會批評男人看太多 A 片導致性觀念錯誤，其實根本不懂得取悅女人，甚至，妳會有好長時間都不肯跟他做愛。

可是話又說回來，他不過就是提出了一個要求嘛，妳要是不願意，拒絕他就好，何必氣成那樣？

妳真的知道自己在氣什麼嗎？

因為他居然想進攻妳的後庭花，根本是個性變態？不不不，只要妳稍微冷靜下來，妳就知道自己並非真心覺得他變態，要不妳拔腿逃跑、立馬分手都來不及了，還跟他生什麼氣？
因為他不尊重女性、不尊重妳？
可是妳心裡又有一個小小的聲音在反駁，他要是真不尊重，又怎麼會徵詢妳的意見？

其實，人在心裡感到恐慌、卻無法承認時，是會下意識用憤怒來掩蓋的，就像有些人無法接受自己生病的事實、卻在醫院大發脾氣、臭罵醫生是庸醫一樣，正因為妳無法安撫自己的恐懼，才會氣急敗壞的發脾氣。
當男人提出這種要求時，**女人下意識感受到的，是男人在抱怨彼此的性事太 Boring、是男人在嫌棄自己不夠風騷像死魚，而潛藏在這些感受下的，就是「如果不答應，他會生氣、甚**

至會去找別的女人滿足他」的害怕。

可是這些恐慌，妳無法承認、也無法面對，光是在心裡想想「我害怕我不跟男友肛交，他就會去找別的女人做」，都覺得自己很沒用嘛，那男人只顧自己爽、不管妳痛不痛耶，妳不一巴掌轟過去讓他黏在牆壁上，居然還害怕他會因此而不愛妳？妳怎麼可能接受這樣沒用的自己？

所以妳憤怒了，所以妳像被戳到痛腳一樣跳起來了。妳把他講的像個變態，其實是想彰顯「正常人都會拒絕」，好證明妳拒絕他是天公地道、而不是玩不起放不開，卻忘了妳那些充滿攻擊性的批判，會傷了他的心。

因為男人根本沒想那麼多，他就像個小男孩，發現一件好玩的事物，就興高采烈的邀請妳一起玩而已。

台灣男人都是看日本 A 片長大的，九成以上的男人對那些事都充滿了好奇跟興趣，路邊抓一把男人來做問卷調查，十個裡恐怕有十一都想試一試。或許妳會說，不是歷任男友都會提出這個要求啊，為什麼唯獨他這麼白目？可是，妳忽略了

一個最大的可能，那就是：沒跟妳提過的男人，很可能跟前
女友、前前女友、前前前女友都提過了，然後獲得了被罵得
狗血淋頭的下場，換言之，不提起的男人，他不是沒性趣，
他只是已經學到了教訓。

在戀愛裡，意見不合是難以避免的。吵架只不過是一種比較
激烈的溝通方式，但也要吵對主題，才不會白白生氣、卻又
沒有結論。爭辯肛交安不安全是沒必要的，因為再安全妳也
不答應，爭辯肛交是不是變態也沒有必要，因為世上沒有人能
夠做公親。性愛的目的，是兩個人一起做一件愉快的事，只
要妳不喜歡，妳就可以拒絕，壓根不需要任何理由。至於擔
心男友在妳身上得不到滿足、就去找別人，那更是杞人憂天，
因為妳再怎麼努力，也不可能滿足他的所有要求啊！如果他
是個得不到滿足就向外發展的人，遲早有天就是要離開妳的，
不是嗎？

如果男人在床上提出了妳不能接受的要求，我倒覺得是一個
挺好的溝通機會，妳可以藉這個機會告訴他，什麼事妳絕對
不能接受、什麼花招則不妨試試。當男人有意無意的暗示「我

們之間的性很 Boring」，我相信再有自信的女人，自尊也難免
受傷，可是同樣的事做久了會膩是一定的，如果兩人可以一
起面對、一起解決，總比自欺欺人的說「真愛就是看一個人
看一輩子也不膩」來得好。

快列張表格，把妳能接受、願意嘗試的花招都告訴他吧！

為什麼他不把 FB 改成「穩定交往中」

網路拉近了許多人的距離，卻也給許多人造成麻煩，比方說我知道很多人就十分在意伴侶 FB 上「感情狀態」那一個欄位。很多人在確認交往後，回家第一件事就是打開 FB，不停對牢對方的頁面按 F5，看對方會不會改成「穩定交往中」，可是好幾天過去對方毫無動靜時，就開始懷疑他為什麼不公開你們的交往？是不是在欺騙你？

如果你問他為什麼，他給的答案肯定是「麻煩」、「戀愛是兩個人的事，何必弄得全世界都知道」……諸如此類根本就像是藉口的答案。老實說，這些理由絕對是不成理由的，可當你試圖用理智說服對方、卻發現對方就是打死不肯公開、甚至當別人直接問起還不承認自己有穩定交往對象時，你覺得他劈腿或者玩弄你的感情，絕對是合理的懷疑。可是，世界上的事原因很多，我就是打死不肯公開戀情的那種人，即使有朋友直接問我「妳有男朋友嗎」還會反射性的說「沒有」，可是，我願意對天發誓我不是劈腿、不是不在乎對方、更不

想假裝單身哄抬行情，純粹就是，我不擅長。

不擅長什麼呢？第一，不擅長應對，當那種根本不熟的朋友沒話找話聊的問「妳跟妳男朋友最近怎麼樣」的時候，我不知道怎麼用圓滑的口氣，清楚表達「我不想討論私事」的拒絕；第二，也不擅長隱瞞，如果我跟男友正在冷戰，但不知情的朋友突然問我要不要偕同男友參加聚餐時，我不曉得怎麼回答；第三，更不擅長進退應對人情世故……總之，因為公開感情狀態的後果，就是會引發這麼多我不擅長處理的後果，所以，我真的不想公開。

然而，這些原因往往會被當成藉口。

「就直接說妳不想談這個啊」、「隨便轉移話題就好了啊」、甚至「聊聊感情生活有什麼大不了的」，認為感情應該公開的人往往會這麼回答。可是我想說的是，這就有點類同一個八面玲瓏、鑽石等級的超級業務員，去對一個寫程式很強但卻有點自閉的工程師說：「交朋友有什麼難的，多出去走走就可以了啊！」或者一個吃不胖的人對易胖體質的人說「減

肥有什麼難的」一樣，那些都是真心話，但聽在不擅長的人耳裡，卻充滿了落井下石的味道。我很努力表達了我的困難，但你卻用一種滿不在乎的口氣說：「那有什麼大不了的。」我的困擾在你眼中「沒什麼大不了」，而你卻說你愛我，如果角色互換、如果你是我，你會怎麼想？

這並非是危言聳聽，更不是小題大作，事實上，根據物以類聚的原則，我有許多不大願意公開自己感情狀態的好朋友，而我們心裡真正的想法就是這樣的，只是這些真心話，我們不見得會對伴侶說，因為在我們還沒開口之前，基本上就被另一半的「你心裡如果沒有鬼為什麼怕公開」、「你是不是劈腿」給氣飽了。

於是溝通慢慢偏離了主軸，兩個人開始「練肖話」，一方舉出超多的例子想證明「不肯公開的都有鬼」，一方則舉出更多的例子想證明「就算公開到PO兩人裸照的也不代表沒有鬼」，感情該不該公開變成一個很爛的辯論議題，正方申論之後，反方質詢，然後演變成人身攻擊，真正的崩壞，往往是從這裡開始，兩人的感情，也從這裡開始出現裂痕。

可事實上，我們彼此都知道，這件事是沒有正確答案的。

有些人交往第一天就昭告天下但最後分手，也有些人低調至極但幾十年過去感情依舊很好，感情上有很多事情，從來沒有「這樣做就一定會獲得幸福」的正確答案。他想要隱私，而你想要安全感，沒有人有錯。可是除了公開之外，難道沒有其他讓你獲得安全感的途徑嗎？除了隱瞞之外，難道沒有其他讓他保留隱私的途徑嗎？每個人有不同的想法和需要，在戀愛裡，你一定會不斷的遭遇到彼此意見相左的狀況，所以我們才需要溝通。可是**溝通的本意，絕對不是要你去說服對方、或者被對方說服，溝通的目的，不是決定你聽我的、或是我聽你的，而是兩個人一起找出一個彼此都能接受的新方式，另闢蹊徑，如果缺乏這項能力，兩人遲早有一天會破局。**

我要說的是，願不願意把 FB 的感情狀態改成穩定交往中，和他對這段感情有多認真，沒有絕對的關連。你身體不舒服到醫院去檢查，也經常是要抽血、X 光、超音波外加內視鏡這麼多檢查相互佐證才能確診的，感情又豈能單靠某一件事，就

判斷他是否愛你？你可以觀察他其他地方的態度，比方説，他是否關心你、是否有耐心聽你説話、是否在乎你的心情……去確認他對你的認真程度。

而如果他看來一切正常，只有不肯公開這事讓你耿耿於懷的話，別急著跟他辯論「要是心裡沒有鬼，為什麼不公開」吧！先聽聽他的感受、然後多給他一點時間，放輕鬆一點，就把這件事當成是「交往未滿三個月不能公開」的新習俗看待吧！

家人反對的愛情

朋友喜歡上一個年紀比她小七歲、剛剛畢業的男孩。

她的爸媽異常反對，理由不外乎是男孩年紀太輕不定性、經濟不穩定等理由，吵到後來，什麼難聽的話都說了出來，她越用力說服家人、家人就越反對。可是有趣的是。即使她拚命用「金錢不是萬能」去說服家人，但她在朋友圈子裡，卻常常透露出她其實也很擔心男友的經濟這回事。

當妳愛上一個不被妳的家人接受的人，他們反對的那些理由，難道妳心中真的沒有恐懼過？

其實，世界上最害怕妳過得不幸福的人，從來都不是妳的家人、父母，而是妳自己。別說那些因為條件懸殊而使人心生疑慮的戀情，就算是妳認識了一個外在條件門當戶對的對象，心裡肯定也有很多像是「他異性緣很好，不知道是不是個忠實的人」、或者是「他好像很大男人，不知道會不會干涉我

的想法」這一類的考量吧？

因為，根本沒有人能在交往初期就信誓旦旦的確定「我跟這個人在一起一定會幸福」，我們都會害怕、我們都會懷疑，但即使如此，我們仍然想試試看的原因，不正是因為對方身上有某一個讓妳心折的特質，讓妳願意賭一把、讓妳願意相信，只要是跟這個人在一起，再大的困難，妳也有和他一起克服的信心？

而那個願意讓妳賭一把的特質，是什麼呢？

就像我養了一隻非常膽小的狗，幾次牠明明跟我男友玩得好好的，結果他突然打了個大噴嚏，狗被嚇到結果就是在他手上打了兩個牙洞，但他真心不在意，還是願意陪我去遛狗、陪我帶狗去看醫生，在別人眼裡看來，或許這就是兩個瘋子，但對我來說，這卻比什麼都重要，連原本並不認同他的我媽，都開始半開玩笑的說，也許不怕被狗咬也是一大優點。

我知道最需要支持的時候卻被家人潑冷水，心中的懊惱是可想而知的。可是，**過度堅持「只要相愛其他都不重要」的理論，**

只會更讓家人覺得妳已經被愛沖昏頭，更讓他們用激烈的言詞或手段，去試圖「喚醒」妳的理智。

很多人努力說服家人的理由是「他對我很好」，可是究竟是好在哪裡，卻說不明白，或老是被家人打槍說「那有什麼了不起」。妳覺得家人找麻煩，愛挑剔，可是事實上，每個人要的不同，對妳而言很重要的特質，對別人來說，非常有可能根本是稀疏平常、甚至毫不希罕的！

因為我們都是獨一無二的個體，所以，幸福其實是十分量身打造的一件事。

比如說，如果妳是個性溫吞、甚至有點優柔寡斷的人，而妳的另一半有些武斷的性格特質，恰好可以成為推著妳前進的動力。

又比如說也許妳個性急躁，脾氣一上來就管不住自己嘴巴，而妳的另一半剛好粗枝大葉，正是因為他這種少根筋的個性，才不會對妳說的那些氣話耿耿於懷、甚至記恨⋯⋯而這些特質在別人眼中，當然是沒有什麼了不起，可是，那卻是妳和另一半能夠順利處下去的關鍵。

而那些量身打造的點，只能靠妳引領妳的家人去看見。

前些日子剛追完一部大陸的家庭輕喜劇《虎媽貓爸》，女主角是個來自小城市的高材生，非常努力、甚至太過用力，但始終仍脫不了土氣，使她老被婆婆嫌棄。一次她先生的姐姐鬧離婚，先生一家因為太好面子，只有被欺侮的份，全靠她一個撒潑混賴，爭取到合理的贍養費，那當下一向嫌棄她的婆婆還感慨的說「幸虧兒子娶了她這隻母老虎」，可是過兩天當她和老公一吵架，婆婆又心疼起兒子娶了隻母老虎來。

我想，人偏心自己的兒女是天經地義的，就像電視劇裡那個婆婆，當媳婦的特質給兒女帶來快樂時，她就認可這特質是好的，但當媳婦的特質給兒女帶來煩惱時，她就把人家嫌得沒一處好。只要讓家人看見，妳跟這個人在一起之後，變得越來越好、越來越幸福，讓妳那些「只要是真愛就能克服一切的」想法，化為實質的、更好的、更快樂的妳，直接現身說法吧。

為什麼他媽媽就是不喜歡我

Alice 和男友交往一年多，感情穩定，好像也到了該「進一步」的時機了，兩人計畫好了要見雙方父母，可是男方的媽媽卻一副興致缺缺的樣子，約她出門聚餐，她說「你們年輕人自己去玩就好了」，特地到她家拜訪，她卻跑出門和牌搭子打牌。

總之，男友媽媽的態度拒人於千里之外，Alice 明明很願意盡孝道、很願意討好準婆婆，可是卻找不到機會。她思前想後，覺得自己跟準婆婆話都沒講過兩句，平白無故的被排擠，越想越覺得委屈，忍不住跟姐妹淘抱怨起來。沒想到姐妹淘們多少都受過男友媽媽的閒氣，一人一句抱怨滔天，平時那個最聰明、最有見識的姐妹淘，更擲地有聲的道：「我告訴妳，婆婆都把兒子的女友當成情敵啦，要不然她根本不認識妳，為什麼卻不喜歡妳？」

是嗎？天底下的婆婆都把兒子的女友當情敵嗎？

這個邏輯好像頗通，電視劇都這樣演，小說也這樣寫，心理醫生好像也這樣講過。可是啊可是，世界上的事當真一定這麼複雜嗎？難道沒有簡單又合理的答案？

還記得我和某任男友交往時，正好遇到他在當兵，只要一放假，他就膩在我家打電動，因為他說只要回家，他媽媽就要叨念他找工作的事。我曾經問過他，難道他媽媽都不會催他回家嗎？他說「反正我以前也常常在外面過夜，我媽也沒怎樣」，結果有天我聽到他和他媽媽在講電話時，才發現他跟他媽說，是我叫他來陪我。當然我知道他只是找理由，也許他根本沒多想，就跟小時候放學貪玩不回家，硬說是同學找他出去玩一樣。可是他卻沒想到，他這樣做，會害我在她媽媽的心裡，變成霸占她兒子、讓她好幾個月都見不著兒子的人。

我要說的是，雖然不能否認世界上有某些婆婆就是打定主意把媳婦當成搶走兒子的敵人、就是打定主意討厭這個未來的媳婦。可是我們又不是在演八點檔，這種神經有病的婆婆沒有那麼多，如果她根本不認識妳、或不了解妳，卻討厭妳的話，那麼最大的可能性，其實是她在真正認識妳之前，就接

收了太多關於妳的錯誤訊息，先入為主的認為妳不是一個配得上他兒子的好女孩。

而這些訊息是從哪裡得知？

嘿，當然是從她的寶貝兒子、妳的親親男友、那個笨得不知道自己隨口的一言一行，都會變成呈堂證供的男人身上。

女人很少直接相信男人嘴裡說出來的話，因為他們太愛說謊但又不擅說謊，所以，通常女人會觀察男人的態度、收集一切蛛絲馬跡，靠自己的洞察力決定一切。而婆婆跟妳一樣，都是女人呀，她的觀察力可不比妳弱，即使妳們從未見面，但她從兒子身上觀察到的事，難道還少嗎？

妳以為婆婆對妳的第一印象，是從第一次見面才開始嗎？

才不呢，她對妳的第一印象，是從她知道兒子交了妳這個女朋友的那一刻開始！她會詢問兒子關於妳的大小事，即使兒子不肯回答，她也會旁敲側擊、試探兒子關於妳的一切。她甚至會上 FB 看兒子的照片、發言、點擊所有很可能是妳的帳號，鉅細靡遺的研究。這年頭的爸媽多喜歡看孩子的 FB 呀，

妳都能一眼從男友的 FB 上看出誰是他前女友、哪個女同事似乎喜歡他了，難道妳以為比妳多吃了幾十年的飯的婆婆，看不出這些嗎？

如果他和爸媽住，老是跑到妳家過夜，他媽媽問起來，客氣的說：「你也可以把女朋友帶回來家裡玩呀！」他卻說：「拜託，你們管東管西的，她才不要來咧！」妳覺得婆婆會怎麼想？

如果他老家在外縣市，而他已經兩個月沒回去，他媽媽打電話來問，他卻說要用週休二日和女朋友出去玩。媽媽很客氣地說：「不然把女朋友帶回來玩啊！」可他卻回答「她不會想去的啦！她說想去洗溫泉。」妳猜婆婆又會怎麼想？

事實上，那些可能都不是妳的錯。妳沒有綁架他兒子不讓他回家，是他只想著打炮，而顯然妳獨居的小套房比他爸媽家更適合當炮房，當妳詢問他爸媽對他不回家過夜難道不會有意見嗎，他還回答妳：「我是男生，他們才不在乎。」讓妳傻呼呼地以為婆婆不在乎；妳也沒有不肯陪他回老家，如果妳知道他媽媽打了那通電話，就算已經訂好的溫泉旅館不能

取消，體貼如妳也會提議下週就一起回去，是他嫌麻煩、或者是他神經大條，掛上電話以後就把這件事拋到腦後。當然這些事在交往初期可能沒什麼影響，可是，等到你們的交往到了一定的程度、開始要認識對方家人時，卻絕對會影響他母親對妳的觀感。等到那時，他才想到要替妳做形象，滿口誇妳說「很孝順」、「很乖巧」，才提醒妳第一次見面裙子不能穿太短，還有什麼用呢？

我要說的只是，如果妳覺得準婆婆莫名其妙的就是看妳不順眼，那麼，別急著把她當成八點檔裡的惡婆婆，因為那對事情根本沒有幫助。如果她根本不認識妳、卻莫名其妙不喜歡妳的話，最大的可能，其實是她兒子傻呼呼地替妳做了太多的負面宣傳，害妳要花雙倍、甚至多倍的力氣去力挽狂瀾。

男人有時候是滿蠢的，可誰叫婆婆生了那麼一個蠢蛋，而妳愛上了這麼一個蠢蛋呢？
能者多勞，女人呀，也只好多擔待些嘍。

遠距離戀愛好難

當網路越來越發達、連手機都可以用 Line 撥打免費電話後，遠距離戀愛應該越來越不是問題才對，但事實上，這些方便的科技產品，卻往往使得遠距離戀愛的問題越來越大。比方說前陣子我就在某討論區看到一個男孩挺苦惱地說，他女友規定他每天要把視訊開著睡覺，以證明他沒有和其他女人搞七捻三。說真的，我想即使那位男孩願意每天開著視訊睡覺，恐怕他的女友依舊不會停止疑神疑鬼，因為心病還要心藥醫，而視訊和手機是通訊器材又不是醫療器材，如果把通訊軟體的發達當作是解決疑心病的工具，簡直是比請鬼抓藥單還要沒救。

事實上，我相信每一對遠距離的情侶在剛開始時，都曾經下定決心要好好維持，規定彼此每天要講電話、或者通多久的 Skype 或 RC 之類的，但是下定決心容易，執行起來卻難。最初的甜蜜期一過，往往其中一方就開始找理由，一下子說忙、一下子說有事，要不就是心不在焉，彷彿這約定好的通話像

是坐牢一樣。

我想，和另一半聊天之所以會慢慢變成「討人厭的功課」，
是因為許多遠距離情侶每天聊天的內容就是「你不在我身邊」
的抱怨、「你一個人在外地有沒有偷吃」的懷疑、以及「你
根本不在乎我」的爭吵，如果說每天連上線時的心情，就像
是行政院長站上了立法院的諮詢台一樣，怎麼會快樂呢？基
本上，那根本不叫「溝通」、更不叫「聊天」，而叫「被幹譙」！

除了抱怨，你們無話可說

如果說，你們每次聊天的內容，都侷限在爭吵、懷疑之類的
話題上的話，有可能是你們之間的信任度不夠，但，還有另
一個顯而易見的理由，就是：除了抱怨，你們之間無話可說。

當兩個人的生活環境不同，共通話題原本就會減少，而女生
對這種「疏離感」的畏懼是很強大的，有時候，男生只是想
分享一下生活瑣事，一說起「今晚我跟同事去唱歌」，妳就
追問「在場的有沒有女生」、或男生一說起「《玩命關頭》

很好看」，妳就抓狂問「你跟誰去看」甚至「有空看電影為什麼沒空跟我講電話」⋯⋯自然男生就慢慢變得什麼都不敢跟妳說，妳就更加因為他什麼都隱瞞著妳，而懷疑他是不是變心了，這是一個無限迴圈的惡性循環，勢必得從源頭才能終結。

所以，**遠距離戀愛最重要的事，就是創造共同的生活經歷。**

舉例來說，你們可以約好一起租某一部電影，各自在各自的地方看完之後，用網路討論一下劇情或感想，雖然無法見面，但還是一起完成了一件事；又比如說，你們可以約好每週的其中一天一定要吃雞排當消夜，晚上回家打開視訊，看著彼此都在吃雞排，一起抱怨熱量很高，從中找到一種「我們都一樣」的歸屬感。

在不同的地方，為同樣的目標努力

戀愛最初的激情肯定會隨著時間淡去，而當激情不再後，要怎麼維持感情，就是一個大議題。近距離的情侶至少還提供

了無聊時互相陪伴的功能，而遠距離的情侶，要怎麼在感覺寂寞時撐過去？我想，有相同的目標很重要。

這個目標不見得要多大，很可能只是計畫一次旅遊行程，即使那是半年後才要付諸實行的計畫，但又何妨從今晚開始規劃？也許，你只是把別人的遊記連結貼給她、又或者你只是在早餐店時剛好翻到報紙的旅遊版，拍照 Send 給她，那都無所謂，畢竟美好的未來是支撐我們度過每一天的原動力。而且對女人來說，當你和她之間有個關於未來的計畫，她會有一種心安的感覺，覺得你們倆不是沒有明天；又或者一起執行健身或減肥計畫也不錯，忠實的拍下每一餐的食物、互相鼓勵應該要吃得健康一點，世界這麼大，你們總能夠找到一個相同的目標，然後為同一個目標而努力。

還記得大學時教中國古典文學的教授曾說過，為什麼古代人那麼喜歡在詩詞裡提到月亮呢？李白要「床前明月光」、蘇軾要「明月幾時有，把酒問青天」，這不是因為古代人沒事幹只好曬月亮，而是因為相隔異地的兩人，在欣賞著同一輪明月時，會感覺彼此同沐於一樣的月光下，而覺得彼此的距

離近了一些。現代人當然不會沒事去看月亮,但,這種「同沐月色」所能造成的安慰效果,卻可以移植到遠距離戀愛中。

然而,不管你學會多少維持遠距離的方法,都需要對方願意配合,所以,**最重要的是,對方是一個願意和你一起努力的人。**

因為遠距離是一種特別辛苦的戀愛方式,而這份辛苦,應該由兩個人來共同分攤,用什麼方式來維持感情,或許因人而異,但一定要有的,是維持的意願和體悟。那種會擺出「老子就是這樣,你要就接受,不接受拉倒」態度的人,真的是不適合的。

為什麼他不帶我參加親友聚會

我常收到讀者問題，很大宗的困擾，都是另一半不肯帶他一起出席朋友／公司／家族／同學聚會，當硬逼無用、軟求無效時，心裡難免就會冒出些許恐慌，那就是：他是不是有什麼秘密比如劈腿之類，害怕朋友洩密，才把你藏起來？

如果你曾這樣想過，那麼我敢保證，他不肯帶你出席聚會、跟他劈腿的關連性，比你想像的小兩百倍。

為什麼我敢這樣保證？呐，讓我們假設一個狀況吧，假設你公司有個男同事劈腿另外一個女同事，還在茶水間上演活春宮，成為公司茶餘飯後的話題。尾牙那天，男同事帶著老婆出席，你會忙不迭衝上去說「嘿，某某太太我告訴妳一個秘密，就是妳老公出軌還在茶水間偷情」嗎？

肯定不會吧！你非但不會去當那個抓耙子，說不定人家太太詢問你的時候，你還慌忙搖手說：「冤枉啊我什麼都不知道！」

檢舉亂丟菸蒂的路人還能獲得獎金，但揭發朋友出軌的私隱卻肯定落得一身腥，誰吃飽太閒去幹這種事？

還有另一個是我自己的例子。我曾經交往過一任男友，當我們因為不斷爭吵而冷淡後，有次我在路上巧遇他媽，他媽超級熱情的問我：「妳最近很忙嗎？好久沒來家裡坐坐。」頓時還害我有點不好意思，可是後來才知道，當我巧遇他媽的同時，他新劈腿認識的女生早已經以半同居的姿態住進了他家，人家媽媽心疼兒子，非但不會告密，還會幫著圓謊！

所以，他不肯帶你出席，多半不是因為怕別人洩漏他的秘密。

很多感情問題，想要找到切入點，就是換個方式去想，與其追問「對方為什麼不肯做什麼」，倒不如先問問自己「為什麼我非這樣做不可」，關於他的私人社交圈，你為什麼那麼想加入？你為什麼這麼想跟一干根本不認識的陌生人吃飯聚會？

其實，如果有件事沒能做到，你就會渾身不對勁的話，那肯

定是一種缺乏安全感的表現，往好處想，這其實是一個警訊，你應該趁此機會去檢視你們兩個人的感情究竟是哪裡讓你覺得不安全，然後補足那個部分。

很多事情背後真正隱藏的涵意才是重點。

也許，你真正害怕的是，對方覺得你帶不出場，所以不帶你去參加聚會；也許，你真正在意的是，對方太多時間做自己的事，太少時間陪你；也許，你真正忌妒的是，對方念念不忘舊情人，連他朋友都替他惋惜⋯⋯

如果這個真正讓你覺得不安全的病灶沒有解決，即使在你軟求硬逼之下，他勉強帶你出席聚會，回來之後你也不會因此覺得兩人之間十分幸福、毫無問題，你只會繼續挑剔他的態度不夠積極、他在聚會上吐你槽⋯⋯之類的小問題。

我自己是不一定會把男友帶進姐妹淘聚會的。某一任前男友我時常帶他一起，是因為他性格開朗，即使是跟一堆不熟的人在一起也很自在。就算是一群女生逛鞋子，他也可以跟著一起研究品牌、不嫌無聊，我既不用分神照顧他、又多個挑夫兼司機，當然樂意帶他一起；而另一任男友則從不參加我

的姐妹淘聚會，因為他不擅言詞，只能在一旁傻笑，我時時擔心他覺得無聊，還得製造話題 Cue 他，兩人都沒有因為他出席而更開心，何必麻煩。

很多時候，我們帶不帶伴侶出席，其實和我們有多愛他無關，而和他有多 Enjoy 這個聚會有關。你根本不享受這個聚會本身，從頭到尾在旁邊當壁花，連累他也不能好好享受，他當然不想帶你去。

還有，有些人拒絕讓另一半認識朋友的原因，是因為他習慣保護自己的生活圈，覺得共同朋友太多、分手時會很麻煩。我明白聽到伴侶這樣說時，會覺得他對彼此的感情沒信心、好像隨時準備落跑，可是說真的，非要認識對方朋友才覺得是穩定交往的心態，不也是對感情沒信心的表現嗎？如果你們已經交往三年，你還被他藏在家裡，當然要擔心，但如果才剛交往三個月，何必那麼著急？這不過就像是懷孕未滿三個月不宜公開的習俗而已。

但當然，我明白兩性書就是一種「看的時候覺得有理，闔上書還是沒法克制自己」的東西，只要你心裡曾經起過「男（女）

友不帶你出席聚會是心裡有鬼」的懷疑，不親自證實，就會永遠卡個疙瘩在那裏。

那麼，如果你還是這麼介意自己不曾在他朋友面前亮過相的話，那麼，就由你發起一個聚會吧，你找你的朋友、他找他的朋友，大家一起辦個聯誼會。你又不是三歲小孩，何必這麼被動，眼巴巴等另一半「帶」你出場呢？

那些不可愛的小任性

出門辦手機前和男友吵架。他覺得我不做功課,錢花得一點都沒有價值,我覺得他一直不斷叨念什麼高通晶片很煩,都已經說了我是某牌的腦粉,不然他還想怎樣?爭執到最後,兩個人聲調越來越高,他說:「既然妳都要自己決定,那妳就不要問我,妳自己去買!」

好啊,了不起咧?不就當我愛問咧?

我心裡瞬間響起八百萬種「老娘才不希罕」的 OS,下意識反應的轉身就走,套上鞋子、離開家門,用比平常快的速度走到樓下門口。
甩頭就走時非常帥氣,但就這麼幾步路,我漸漸冷靜下來,開始用一種烏龜的速度前進,等著他追上來。幾分鐘後,他果不其然的出現,說:「啊不就轉頭就走咧?」
我說:「因為我昨天有洗頭啊!」
他說:「跟洗頭什麼關係?」

我說：「你沒看過洗髮精廣告嗎？」

然後，我學廣告裡女明星用力一甩頭，他翻了一個白眼，好像罵了一句「白癡」，我裝著沒聽見，關於他的脾氣、關於我不爽時就轉頭的任性，就好像沒發生過似的，沒有人再去提起。直到我們買完了手機、還在夜市買了皮套，吃了晚餐後，我想起這回事，才突然驚覺：天啊，什麼時候我變得這麼好說話？

曾經的我，是絕不可能服軟的，尤其是覺得自己沒有錯的時候，絕對要得理不饒人的爭到底，說到對方道歉為止。如果對方道歉的態度有那麼一點點不合我意，我大概又會繼續叨念、繼續窮追猛打，直到對方又毛起來發脾氣，然後我就會說：「你根本不是真心道歉。」

不是不知道這樣子的自己不討人喜歡，可是總是改不了，更是卡在「為什麼是我要改？為什麼對方不用改？」的賭氣上，直到最後分手時，在人前驕傲的說「我才不要為了有人陪而妥協」，在人後討厭自己的自尊心。

**後來我才明白，有一種女生在戀愛裡，注定是特別辛苦的。
表面上看來，妳任性的不怕失去、妳堅定的不肯妥協，可是，
妳那寧缺勿濫的志氣，不過是因為，妳不敢相信對方是真的
愛妳。**

我們總是有不那麼可愛的時候、不那麼講理的時候，甚至，
很多時候不見得是那件造成爭吵的事有多麼嚴重，而只是當
天的情緒不好、稍早在別的事上受了氣、於是另一半的那麼
一點小毛病，就遷怒連坐成「連你也要欺負我」的委屈。

妳知道那是借題發揮的任性，可是妳就是想看看，他會怎麼
看待妳的任性，是生氣還是包容？是厭惡指責、還是他可以
明白，妳只是受傷了所以才張牙舞爪的保護自己？

**公主等著王子解救，而妳等著有一個男人，溫柔的撫摸過妳
的逆鱗。**

我們都很努力改變、也願意改變，可是真正的改變是發自內
心的。也許是時間到了，像是蟄伏已久的蝴蝶破蛹而出，也
許是遇到了一個對的人，激發了妳的潛力。

當妳知道對方願意包容了，妳會開始捨不得為難他，當妳遇著了一個對妳好的人，妳會開始努力做一個值得被好好對待的人。

我還是任性，還是會在生氣時轉頭就走，讓他在後面追，只是現在的我，最多走個十幾公尺，就會自己停下腳步說「老娘腳痠，不爽走了」，好讓他趁機安慰我兩句，然後下台。

到底為什麼變了呢？年紀大了一點，沒那麼衝動了是一個原因，可是更大的原因是，我知道他會追上來。知道對方不會放棄的篤定，會一次次的安撫妳害怕受傷的心。

每個人都有任性的時候，如果妳主動停止了任性，不是因為害怕對方會被妳嚇跑，相反的，就是知道他不會走，妳才覺得沒必要這麼任性。

下次辦手機，我們大概還是會吵，

很多事，我們都還是會吵，

也是到遇到了我才知道，所謂穩定的感情，不見得是吵得比較少，而是妳會明白，這些在以往會被妳認定是「個性不合」而放棄的，原來是妳該做完的功課。

你們在陪伴彼此完成這些功課，愛情就是兩個人互相幫助，一起變成更好的人。

我好喜歡《慾望城市》裡夏綠蒂說起自己的婚姻時那段話，當莎曼珊問她是不是每天都很快樂時，她說：「Not all day everyday, but yes, everyday.」兩個人一起過日子，就像是在看一部長篇小說，不可能每一頁都有結論、不可能每一個段落都高潮迭起，有些伏筆妳當下不知道有什麼意義，但以後可能會是驚喜，就像是人生的許多挫折，要到很後來，妳才知道那些磨難帶來的意義。

我們都在找尋那個在妳病了的時候，會照顧妳
的人。

在不舒服而脆弱的時候，其實也就只是想看到
有個人會為了妳焦急，想知道有個人會為了妳
難過，然後妳任性的驅使他去倒水去拿衛生紙
去丟垃圾……去做一些拉哩拉雜的瑣事。但說
真的，即使妳病著，也沒有到無力自行處理那
些雜事的地步，妳只是撒嬌，他也知道，但他
縱著妳。

知道自己被愛著，就是特效藥。

愛情專線
1999

客服碎碎唸

被劈腿或背叛時，女人最大的疑惑是——「他平常明明對我很不錯，應該是愛我的啊，為什麼會劈腿」？

如果這一點弄不清，女人就會鬼擋牆很久。

可是，愛是一種人人都有的本能，但表現愛、維護愛、執行愛，卻是一種能力。

妳有這麼多優點，要愛上妳還不容易？只不過他是一個戀愛能力不足的人，他沒資格和妳談戀愛。

客服碎碎念

也許我們不能接受的，其實是對某一件事付出十分努力，結果最終呈現的不是我們預期結果的失落，那太挑戰我們賴以為生的原則，太挑戰我們相信了一輩子的、所謂做人做事的道理。

原諒釋懷與否，無關乎心眼大小，純粹只是做不到，而且也不想去做，因為，那樣的事如果你能夠不在意，你就不再是你自己了。

愛情專線
1999

男士專區請按

5

甜言蜜語指南

你是否被你的女友或心儀的對象嫌棄過，説你不會講甜言蜜語？

你一定心想，光會講好聽話有什麼用，要做得到才有用；你一定心想，光會甜言蜜語有什麼用，要專情體貼才實在……呐，做當然比説重要，但問題是她要你做的，就是講幾句好聽的哄她開心，你連這個都做不到，還有啥好説的？再來，專情體貼比甜言蜜語實在也沒錯，但問題是你不會講甜言蜜語，根本把不到她，既然把不到，那麼你有多專情、多體貼，對她來説，嘿，還不都是屁？

親愛的男士們，甜言蜜語跟專情實在不是敵對特質，它們就像女人的外在美跟內在美一樣，可以是複選題，而你總得先要有甜言蜜語的嘴，才能哄得她看見你專情體貼的內心。

心法一：看見她的內在

不知道為什麼，男生要誇獎女生，總執著在「外表」上。

我有個朋友長得不錯，於是經常被搭訕，有次她在路上被一個嘻哈風的男孩攔下來，實話說，男孩長得不錯，又是她的菜，否則哪攔得下她，可是嘻哈男孩開口的第一句話是：「妳好美喔，好像天上的仙女！」

沒錯，就是「仙女」兩字，逼得她差點在路邊笑到噴口水。她得不得意？當然得意。沒有多久她所有的朋友都知道，曾經有個男人說她長得像天上的仙女，雲裳飄飄下凡來，但她有因此而青睞那個男孩嗎？當然沒有。她只覺得那是一個油嘴滑舌又智商甚低的男孩，才會脫口使用「仙女」這種台灣演義還是中國民間故事才會出現的詞彙。誇獎女人外表的確是必要的，但當你誇得不對、誇得不好，只會讓她的自我感覺良好，並不會讓她對你的印象變好。

因為**女人很矛盾，她希望男人受她的外表吸引，但她又覺得受外表吸引來的男人膚淺。**

所以，你還是要誇獎她的外表——但，要繞個圈子誇。對著她吹口哨大喊「唷，很辣喔」是台客做的事，你應該要說「今天穿這樣很好看」、「這衣服很適合妳」，不僅恭維了她的外表、更恭維了她的品味；沒事就「正妹」「美眉」的叫是死小鬼做的事，你應該要說「我覺得妳有一種特殊的氣質」、「我覺得妳可愛又不做作」，顯示你除了注意到她的外表，還注意到了她的個性。更何況，女人基本上只要不是長得拐瓜劣棗，她一天至少會聽到三個人叫她美女——早餐店老闆娘、賣衣服的售貨小姐、路邊無聊的下象棋老北北，所以你光是叫她兩聲「美女」根本沒有用，只凸顯了你的沒深度而已。

心法二：發掘她的優點

男人經常誤以為女生喜歡聽甜言蜜語的原因，不過就是因為她愛聽好話——當然啦，好聽話確實是人人愛聽，但更重要的，是她希望你看見她的優點，尤其，是她想表現出來的那一種。

人都有表現慾，只是每個人想表現的東西不一樣，打個比方來說，如果你喜歡搞笑，那你希望表現的是幽默；如果你總

把自己搞得很嚴肅，那你可能對自己的理智和頭腦引以為傲。女人亦同，如果她很喜歡高談闊論，對任何事都要發表想法意見，那麼，她想表現的就是自己很有想法，你應該抓緊機會説「我覺得妳是個很有想法、跟別人都不一樣的女生」；如果她看到流浪狗也哭、看到悲慘的新聞也哭，那麼，她表現出來的就是她的同情心，你應該從善如流説「妳很善良、而且心又軟」。總之，她一定有她的優點。不要告訴我你不知道她的優點是什麼，要是你不知道，那你幹嘛追求她？而你要做的，就是把這個優點用嘴巴説出來。

這表示，你看見了她的好、而且也覺得很好，被認同的感覺可是甜如蜜的唷。

心法三：愛上她的缺點

你肯定知道現代的女生都把「做自己」掛在嘴上，換言之，就是她並不想為了男人改變自己，因為她覺得，如果你是真的愛她，那麼肯定就會愛她的全部——包含她的缺點。

甜言蜜語的最高境界，就是把她的缺點轉化為她的特點，要知道人其實都自覺自己的性格缺點是情有可原的，就像你覺得自己不會說甜言蜜語是因為老實一樣。如果有女生斥責你不浪漫、不好玩，你一定不開心，但如果女生說你是因為天生個性腳踏實地，所以不搞那些小花招，你一定會覺得她是世界上最了解你的人，因此感動得唏哩嘩啦，對吧？

女生當然也吃這一招。縱然她沒有幻想你會像言情小說男主角一樣，噁心巴拉的對她說「我就是愛妳的任性」，但至少你要知道，她的惡行沒有惡意，一切都是情有可原。打個比方來說，**如果她脾氣很差、發起飆來講話尖酸刻薄，你要說「我知道妳只是心直口快又沒心機」；如果她疑心病很重、老愛檢查你的手機、偷看你的信件，你要說「我知道妳只是沒安全感」**；如果她朋友一大堆，老是為了跟朋友出去而不理你，你要說「我知道妳只是重義氣」。要知道**所謂的甜言蜜語，不是要你一味的誇獎她，而是你要講出她想聽的、愛聽的話，**誇獎當然是一種、安慰也又是一種，而「把她的缺點說成特點」這種方法，無疑是兼具誇獎和安慰的效果於一身，就像上下其手……呃，我是說左右逢源一樣，絕對是無往不利，

甜在你嘴裡，更甜在她心裡啊！

總而言之呢，甜言蜜語就像甜點的道理一樣，只有廉價蛋糕才會一味死甜、放糖不要錢，高級的米其林甜點，通常都講究深度、提味、以及層次。甜言蜜語真的不只是什麼「妳好美」、「妳像個仙女」之類的鬼話，她要是真的很美，這種話她一天聽好幾遍，你只不過是錦上添花，一點也不稀罕。她要是真的不美，那更加悽慘，那就像是對著個胖子說妳太瘦了應該多吃點一樣，你確定這真的是誇獎、而不是諷刺？

當女人向你討甜言蜜語，有時候只是希望證明你喜歡她、而且還想知道你究竟喜歡她的「哪裡」。所以，你得先了解她，才知道要餵她巧克力還是太妃糖、焦糖布蕾還是甜酸蜜餞，扔一包台糖二號砂糖到她臉上，那叫敷衍，不叫甜言蜜語，親愛的男人們，加油好嗎？

冷戰破冰指南

男人和女人為了無聊的事吵架，起因是：男人希望女友裙子別穿那麼短。

「你一點都不尊重我，衣服要怎麼穿是我的自由！」女人說。

「我不是不尊重妳，我是為妳好！」男人反駁。

「為我好？你怎麼知道怎樣對我才是最好？你根本是自以為是……」

「好好好，算了。」眼見大戰要爆發，男人只好退讓，「以後妳愛穿多短就穿多短，這樣總行了吧？」

這樣行嗎？噢我的老天啊，當然不行。

女人會對你大吼：「這根本不是重點！」（然後男人就頭暈了，那不然重點到底是啥？）

女人會說這只是導火線事實上她忍你很久了……（下略一小時以上的舊帳複習）通常到這個時候，男人已經瀕臨崩潰，

只要女人願意閉嘴，別說是要你認錯，就算要你承認自己是豬都可以，可是如果你以為承認自己是豬女人就會原諒你，那你還真笨得像豬一樣。總之，男人終於受不了的大吼「那不然妳想怎樣？」時，原本背後有火焰山的女人突然 Down 到了零下十度，冷若冰霜的瞥了你一眼，道：「我哪有想怎麼樣，算了！」

悶吧？

你忍無可忍、一直再忍，就是希望世界和平，沒想到女人完全不體諒你的苦心，明明你是讓她，她還以為你怕了，打蛇隨棍上的軟土深掘，等到你終於爆炸，掏出你那隻無敵巨大粗壯的……別想歪，是金箍棒，準備來個孫悟空大戰鐵扇公主時，她突然告訴你「老娘累了擇日再戰」，還不告訴你「擇日」到底是哪一日，你說說，這不是被耍是什麼？

哎呀，這就是江湖中傳說的「冷戰」。

到底冷戰是怎樣？

Well，這就像歷史上的美蘇冷戰一樣，為什麼美帝和蘇聯不直

接打起來？因為他們不希望直接衝突導致全面毀滅嘛，所以，女人之所以跟你冷戰，也就表示她們也害怕你們之間的關係全面毀滅，換言之，她還不想分手。

可是也別高興得太早，除了把分手性核武拿出來轟爆你的頭之外，女人還有很多招式。

首先是外交戰，她可能會打電話給你們共同的朋友，告訴他們「她很生氣並不是因為她脾氣不好，而是你太過分」的惡人先告狀，在你還沒搞清楚狀況的同時致你於死地；再來是經濟戰，如果她不幸持有你的副卡、或她是你的太太每個月會跟你拿家用，那麼請小心她會趁這時候瘋狂花光你的錢；還有千萬別漏了文宣戰，這就像幾十年前台共互相投射宣傳單砲彈一樣，她指導兼指責你做錯什麼的簡訊如雪片般飛來，但你撥電話回去她又不肯接。

總之，當你還傻楞楞的以為她所說的「冷靜」是關在家裡簪花刺繡時，她早就展開了全面性的絕地大反攻。當你還呆愣愣以為過兩天她就真的會冷靜時，對不起，你只是在她身上點火──**靠，老娘說暫時別聯絡你就真的不打來？那老娘說我**

想要 Tiffany 你為什麼不買？難不成你真以為自己很行、可以將計就計將老娘一軍？

我想你真的覺得很無辜，因為男人通常根本沒想這麼多，只是單蠢的以為，噢，我女朋友生氣了，所以我等她氣消就好。但問題是，你什麼都沒做，她的氣怎麼可能會消？更有甚者，「等她氣消」也是一條讓她生氣的罪狀：試想想，她氣到皺紋都多了三條，而你卻悠哉悠哉的坐在家裡一邊吃洋芋片一邊打電動，事實證明你還能這麼冷靜，就是因為你不夠在意她嘛，所以你說，她怎麼可能不生氣？

所以你只能道歉。
所謂愛與和平非暴力，為了世界和平，你只好低頭。你傳簡訊去道歉、你寄 E-mail 去道歉、你打電話去道歉、你等在她家門口道歉……可是，對不起，通常這時候，已經來不及了。

女人可能會想，你說道歉我就要原諒你？最好是有這麼容易。
女人也可能會想，要是太輕易放過你，你根本就學不到教訓。
還有最重要的是，她都那麼斬釘截鐵的掉下那麼多狠話了，

要是三兩天就原諒你，豈不叫她承認自己的話是放屁，還把這個屁吞下去？

所以，她當然需要一個下台階，而且還是量身打造的那種。然後，這時候就是考驗你有多了解她要什麼的時刻。

比如說，有一種下台階叫做「公私分明」。
你在她面前下跪她不心軟、你道歉簡訊傳了幾百封她不回，但你如果寄個外包 Case 的資料給她、信末附上「我不是要糾纏妳，只是要跟妳討論正事」，也許她就會立刻接你電話，因為「她是個公私分明的人，不會把私人感情問題帶到公事上」。

又比如說，有一種下台階叫做「顧全大局」。
你說你感冒重病她不心疼、你說你上吐下瀉她叫你去死，但如果你說你們的共通朋友辦生日趴，不希望她因為和你吵架而缺席，也許她就會準時出現在錢櫃包廂，因為她有理智，「她不是那種一竿子打翻一船人的愚婦」。

又或者來個簡易版，還有一種下台階叫做「珍惜資源」。

請你立刻到名貴的店家購入精美漂亮並且能代表愛情的食物或禮物一組，然後告訴女人「這是你在吵架前訂的，準備要給她一個驚喜」，雖然現在彼此正在冷戰，但你還是想拿給她，因為蛋糕不立刻吃可能會壞、因為衣服不穿可能要過季了、因為鑽戒有鑑賞期，萬一戒圍不合七天內要拿去換……噢對了，送禮這招能不能收效，不只禮品要有誠意，你的態度更要有誠意，千千萬萬不要流露出「老子花錢消災」的態度，絕絕對對不要以為女生拿你手短、吃你就會嘴軟。別忘了她也是可以先收下禮物然後繼續生氣，讓你賠了夫人又折兵。總之，請務必以一種你收到了燙手山芋，而她接受禮物是解救你脫離苦海的感恩心情獻上供品，切記切記。

不過，為了讓男人心理平衡，不要覺得永遠是帶把的在付出，偷偷洩漏一下，有時候女人也會自己找下台階，例如，有一種下台階叫做「欠債還錢」。

自己跟男友嗆聲要老死不相往來的女人，突然傳了封簡訊過去，內容是「我上次跟你借的兩百塊還沒還你，我不是會欠別人錢的人」，見鬼了，平常男友請她吃兩千的大餐她都不

會消化不良，這會兒不過兩百塊就眼巴巴要送回來？就算真的那麼討厭欠錢不還，便利商店就有 ATM 可以轉帳，您說是不是？

都說男人愛面子，其實女人也是，而身為女人，怎麼樣才叫有面子呢？就是擁有一個打不怕、罵不跑，隨她蹂躪任她撒潑，也依舊愛她哄她的男人嘛！她都這麼盧小了你還是愛她，豈不是證明她真是個魅力百分百的女人，還有什麼比這更有面子的？

情侶吵架，總之是難免。

總而言之，姿態放低一點、態度放軟一點，如果覺得委屈，那麼，就暫且忘掉她是你冷戰中的女朋友，把她當成個新妹吧，如此一來你就會覺得自己伏低做小也是應該的了，善哉善哉，嗚呼哀哉，施主們，悟道吧。

偷吃外食指南

你一定有挺多不想讓女友知道的秘密。

其實你只是和朋友跑去看車展,反正跑車你買不起、火辣的 Show Girl 你也把不到,明明這一切對你的馬子一點威脅性都沒有,可她偏偏就是不准你去;又或者其實你只是和朋友去打球,年近而立還有體力在操場上揮汗如雨是多麼令人振奮,可偏偏她卻以「打球重要還是我重要」威脅你陪她去看無聊的愛情文藝片;當然也有一種可能,是你筋開腰軟,在外頭金屋藏嬌,不能讓正宮女友知曉⋯⋯總之,人非聖賢孰能無過,所以,為了往後日子的幸福著想,聰明的男人們絕對不會選擇坦承,而是選擇湮滅證據。

Bingo!這絕對是正確的做法!**絕對不要相信女人那套「只要你說實話,我就不會生氣」的鬼話,女人的強項從來不是原諒而是記恨**,而我要提醒你的是,你說實話她絕對會生氣是沒有疑問的,但,你說了謊話而被她戳破,她絕對會更生氣!

所以你第一件要做的事，就是徹底湮滅物證。

打電動認識的網婆寄給你的 E-mail，你記得刪除；前女友的來電，你記得清空通話紀錄；上週在 Club 認識的辣妹，你在手機裡幫她取了個男生名字……如果你以為這樣就萬無一失，那我只能危言聳聽的警告你，你這輩子最大的失敗，就是小瞧了女人的本事。

你第一項要消滅的證物，就是垃圾，咱台灣首富郭台銘先生有句口頭禪，叫「魔鬼藏在細節裡」，你覺得不起眼，所以根本沒注意的東西，往往就是出賣你的證物。平時你明明豪邁的很，什麼飲料都用灌的，為什麼口袋裡無端出現吸管套？平常你吃速食絕對點漢堡，為什麼垃圾桶裡卻出現雞塊的紙盒？平常你從不拿路邊發的傳單，為什麼車上卻有好幾張？當然這些東西都不能證明你的罪刑，可是這些枝微末節就是導致她疑心大起的關鍵。

你第二項要消滅的證物，就是發票。要知道統一發票絕對是台灣最恐怖的發明之一，它讓商家無法逃漏稅，它讓正常人

每月幻想得到兩百萬、旋即又為期望落空而痛苦，它還讓你出軌的事蹟無所遁逃。第一發票上有購買品項，萬一你買了保險套、女性涼菸、或任何你平常絕對用不著的東西，都會讓你跳到黃河也洗不清；第二發票上有消費時間，你明明說昨晚是睡著了所以沒接電話，難道去買東西是靈魂出竅；第三是發票上有地址，你前女友住永和而你又剛好在永和買了兩份麥當勞，這絕對不是巧合（什麼？你說你把發票拿出來看，上面明明沒有地址？天啊親愛的傻孩子，現在所有連鎖商店的發票上，都有分店名稱和店號，隨便上網一查也知道地址啊）……總之，發票是一種集犯案時間和地點於一身的物證，絕對要謹慎處理不可。

而當她開始懷疑起你的時候，通常你就會製造人證。

大部分男人被自家女友逼問行蹤時，最喜歡用的一招，就是把自己的好兄弟搬出來當擋箭牌。女友不相信你，你會說「不信你去問我麻吉」，女友一直盧，你說「不信你去問我麻吉」，女友不肯去問、但又不斷胡鬧時，你還會咄咄逼人，說「要不然我叫我麻吉來跟妳講」！

説得這麼理直氣壯，你一定對這個人證頂有把握的，是吧？

男人之所以對「人證法」如此十拿九穩，原因之一是即使這位兄弟説謊的技巧也不比你高明，可你女友總不好把逼問你的酷刑用在人家身上，人家説什麼，她只好信什麼；原因之二是你相信好兄弟絕對會幫忙圓謊，説不定還會幫你美言幾句，説你專情説你溫柔，最好説到你女友潸然淚下，慚愧到恨不得挖個地洞鑽下去。

可是，你沒修過犯罪心理學，也該看過《CSI》，捉姦……呃，辦案時除了逼問口供之外，總還有其他六百八十萬種旁敲側擊的方法，可不是？

你説你昨晚和麻吉在東區喝酒，但偏偏人家的 FB 昨晚在高雄打卡，破功！你説你上週末和麻吉一起打球，但偏偏你麻吉的女友的 Blog 放了他倆上星期出遊的照片，破功！你説你麻吉的車臨時拋錨在路邊，你只好開車去救援，可是你昨晚車子的里程表和今天車子的里程表數目完全一樣，表示你根本沒把車開出門，破功！

但是當然，如果你能注意到一切小細節，找個人證來證明你的清白，的確是個不錯的辦法，唯要注意的是，這一招，絕

對不能拿來對付不怕丟臉的女人。

所謂樹沒有皮，必死無疑，人不要臉，天下無敵。自尊心高漲的女人如果是難以伺候的公主，那麼完全不顧自尊的女人絕對是天下無敵的魔女。男人搬出麻吉來當擋箭牌這招之所以會奏效，往往不是因為人證起了效力，而是大多數女人怕丟臉，她懷疑你是一回事，但她絕對不想讓別人知道她是個疑神疑鬼的瘋婆子。可偏偏有些天賦異稟的女人不在此列，你叫她問，她就問給你看，除了問你麻吉本人，她還會去問你麻吉的馬子，她甚至會去問你麻吉的老媽知不知道她兒子昨晚去哪裡，反正她不怕丟臉，當然就更不怕丟你的臉。惹到這種型的瘋妞，絕對夠你受的啊。

總之辦案嘛，講求人證物證俱全。但問題是，即使你有了絕佳「二證」，也無法讓多疑的女友真正相信你，因為你在她心裡，就算還沒定罪，仍然是頭號嫌疑犯，三不五時要被盤查，一天到晚要被審問，就算不能判刑，煩也都煩死你，因為你所做的一切，只不過是消極的湮滅證據，而非積極的搏取信任。

全世界最會唬爛、而且還靠著唬爛娶了一堆美麗老婆的唬爛

達人韋小寶，早已明明白白告訴各位羨慕他的男人，**說謊要「一切細節不厭求詳，而且全部真實無誤，只有在重要關頭卻胡說一番」才能達陣**——沒錯，你所遺漏的重點，就是你沒不厭其詳的講述細節。通常，男人勤於犯錯，但卻懶於掩飾，總鴕鳥心態的以為不提起就沒事，殊不知就是你欲蓋彌彰的態度，才激起了女人找尋真相的決心。當女人開始盤查審問時，男人總愛用不耐煩的態度說「這有什麼好講的」，以為只要表現出不在意的態度，女人就會相信這件事真的沒什麼，可是我得告訴你，「這有什麼好講的」聽在女人耳裡，卻是「這件事不能講」，既然不能講，那肯定有鬼，當然要好好審查一番，你說是不是？

看到這裡，你是否覺得很累？

哎呀，**說謊本來就是很累的事，如果你沒這天賦，又何必自討苦吃呢？做人要誠實、談戀愛要專情、把到妹就是要好好愛她，親愛的男人們，你可不是天生的大說謊家，但女人卻絕對是天生的 CSI**，要玩官兵捉強盜，你是必輸無疑的，只不過是時間早晚而已，所以，還是乖乖當個好人吧！善哉！

女友生氣指南

每個男人都說，女人是一種麻煩的生物，尤其是在吵架時，更是難以溝通到極點。

你想虛心求教努力改過，問她哪裡做錯了，她冷冷的說：「你都不知道自己錯在哪裡嗎？」於是你只好猜。猜錯了她大怒罵你「根本不知道哪裡錯」，猜對了她還是大怒酸你「既然知道這樣是錯的那你還明知故犯」，你忍辱負重想讓她罵到氣消，誰知女人越罵越氣說你只會裝死，你張口辯駁想澄清自己不是故意，誰料女人又說你做錯事還有臉回嘴。

總之，你這樣做也不對、那樣做也不對，鬧到後來你只好問她「那妳到底想怎樣」──Bingo！恭喜你終於扯到了最後一顆大炸彈的引線，女人大吼「我講了半天你根本不懂」然後判你死刑還駁回上訴，冤啊，你當真冤死了，到底該怎麼辦才好？

如果你想解決這種窘況，那麼你就要切記最重要的一件事：
對錯的標準，是由女人的「感覺」決定的！

態度決定一切

照例先讓我們從小故事大啟示開始吧！我母親有次在巷口的
小麵攤吃飯，在餛飩麵裡吃出了一根頭髮，她告訴老闆，老
闆卻抵死不承認自己衛生不佳，還說那根頭髮很可能是我娘
親自己頭頂上落下去的，從此之後，我娘再也不去那間麵攤
吃東西。那間麵攤的斜對面，還有另一間魯肉飯，該攤子的
老闆娘笑臉迎人，會跟我娘聊天，有時還幫她多切兩塊豆干，
一次我在那攤子的青菜裡吃出條蟲，回家後告訴我媽，她非
但不以為杵，還說「路邊攤本來就有時會有一點髒」。

這就是女人的邏輯：當她對你持有正面感覺時，你的錯誤她
都能同理、她都覺得情有可原；但當她對你持有負面感覺時，
卻會變得鐵面無私、毫無情面可講。

每次發生爭吵，男生總想著「弄清楚錯在哪裡，下次不要再

犯」，但是對女人來說，你的錯誤就像是那碗餛飩麵裡的頭髮，說錯當然也是有錯，可是一根頭髮又吃不死人，到底你的錯是會被視為無傷大雅的毛病、還是無可挽回的過錯，完全決定於你的「態度」。

了解她的感覺

你一定會發現，每次有爭執，女生總是不直接告訴你錯在哪裡，如果你想問她，她肯定會反覆使用「如果有人這樣對你……」、「如果是你會怎麼想……」這樣的句型，弄得你煩不勝煩，不懂她為什麼要大兜圈子，有話直說有那麼難嗎？

可是，女生這種「兜圈子」的習慣，其實是跟男生「把對不起三個字當萬靈丹」的習慣有關。**男生很常在一種壓根不認為自己有錯、只是因為不想爭吵的狀況下道歉，還覺得自己是在「讓」女朋友而沾沾自喜，卻不明白這種自以為的「讓」會讓女生更生氣。因為「你讓她」三個字，聽起來像是她無理取鬧，而這同時也就代表了你根本不懂她的感受，才會覺得她是小題大作，所以女人才會反反覆覆陳述自己的感覺，**

想盡辦法讓你對她的遭遇感同身受，唯有當你設身處地的明白她的感受後，才會知道自己錯在哪裡，才不會再犯同樣的錯。

為了要讓你明白她的感受，女生會舉出很多例子（也就是男生俗稱的「翻舊帳」），而且同一個例子還要正反申述個兩三遍（也就是男生俗稱的「鬼擋牆」），而在這個過程中，只要你稍露不耐、或覺得她莫名奇妙，她就會認定你根本不懂她的感受，再無限迴圈的重覆上述的所有過程。

所以，很有耐心的聆聽她的感受，是你必須要做的事。只要表現出你真的理解她的樣子，並承認「如果有人這樣對你，你也會生氣」，再讓女生用一記「既然知道，你還這樣做」的回馬槍戳個三、五下，通常你就會看見和平的曙光了。

示弱是殺手鐧

看到「示弱」這兩個字，你心裡的感覺是什麼？如果你覺得自己已經夠低聲下氣、處處賠小心了，那麼就表示，你根本

搞不清楚「示好」跟「示弱」的差別啊！示弱的意思是承認自己受傷了、受委屈了、甚至感覺害怕跟恐懼，比如在她橫加指謫你時，對她說：「原來在妳心裡我是這樣子的人」然後擺出一副被傷得很重的樣子；或者在女生拋出「那乾脆分手」的氣話時，回應：「妳是認真的嗎？妳知不知道妳這麼輕易就提分手，讓我覺得我們的感情很沒價值」，通常這種時候，你都會發現女生明顯愣了一下，就算嘴上還在逞強，但心裡肯定鬆動了不少。

因為，承認你被她傷害，等於正面證實了她有讓你傷心的能力，也就同時證明了你真的很愛她。

事實是，不管你們吵架的原因是什麼，統歸一句話，就是女生覺得你不夠體貼／不夠在乎／不夠理解她，女生心裡一句反反覆覆的 OS 就是「如果你真的愛我，怎麼會這樣對我」，所以，做出一些提醒她「你有多愛她」的舉動，就是終止這一切的最佳辦法。更何況，在女人傷心生氣難過時，如果你還不痛不癢一派理智，有時候反而會使得女人更生氣，就像你摔到爛泥裡時，看著旁邊乾淨光鮮的人，總覺得他們哪懂

你的苦，當然你不會推他們去捽爛泥，可若當他們真自己捽進來時，你肯定會有一種解氣了的感受，道理便是如此。

都說男女來自不同的星球，語言不通自然溝通困難，可是除非你打算轉性愛男人，否則還是得學會女人的語言。男人的思考模式是「找出問題→解決→世界和平」，但是老實告訴你，女人的愛情裡，沒有世界和平這回事，不好要改到好，好要變得更好，好到不能再好時她要想盡辦法維持、還要害怕有一天變得不好，這一類的「溝通」永遠有存在的必要。更何況，讓我透露個小秘密吧，**有時候女人不是不知道自己有點無理取鬧了、不是不知道自己得理不饒人了，可是她還是堅持如此，是因為你曾經跟她說過「不管她變得怎樣你都會愛她」啊**！想當初你就靠這句話把到妹，現在她不過是軋軋看這張支票能不能兌現罷了。

最強小三指南

這兩年基本上可以說是劈腿年,從看起來忠厚老實又顧家的廚師、才華橫溢寫作導演都很罩的作者、到新婚的金曲歌王⋯⋯都紛紛中標。不過話說一個巴掌拍不響,女人想搶人家老公,也得要男人下半身發癢,反過來說,男人想出軌,也得要有女人願意做小三。在算命師的嘴裡,有一種女人天生是「偏房格」,白話翻譯也就是小三命,不過人家說個性掌握命運,到底是什麼樣的女人,有成為偏房的特質呢?

公主病,小三命

你一定會懷疑,公主不是都要人家捧在手心呵護嗎?怎麼會讓自己淪為小三、跟別的女人分享一個男人?如果你有這個疑惑,那麼親愛的,相信我,你並不懂什麼叫「公主病」。

實話說,女人有可能比男人有才幹,所以愛發號施令不一定是公主病,女人更有可能比男人柔弱,所以想被男人照顧也

不一定是公主病。正宗的公主病患者，就是幻想別人都應該要愛她、對她好的那一種，不信你看看卡通裡的白雪公主，小鳥都會愛上她，灰姑娘呢？連老鼠都會幫忙她，這種「因為我善良／可愛／獨一無二……所以全天下都應該要愛我」的心態，就是公主病的精髓！

所以說，愛上公主的男人是有救的，「公主就是把所有男人當召喚獸」這個觀念基本上是沒錯，可是話說回來，你又不住在神奇寶貝球裡，憑什麼她召喚你、你就要出現？你可以走開、你可以不理，她是公主又不是女巫，基本上根本拿你沒轍，只要你走開就能得永生，而如果你走不開甘願被她奴役，基本上不是因為她有公主病，而是因為你性格裡帶著奴才命。

真正應該害怕這些公主的，反而是被她們愛著的人，因為她們的中心思想是「你不可能不愛我」，所以，當男人不愛她、拋棄她時，她們的想法就是「你一定對我有所誤會」甚至「你不了解我的好」，於是她們很容易打死不退縮，認為只要想盡辦法讓你知道她有多好，你就會重新愛上她。

所以，只要分手的前男友稍微撩撥，她們就很容易從前女友變成第三者，或者是一個劈腿男在她和另一個女人之間舉棋不定時，身為公主的她們更是篤定只要男人眼睛夠大、心思夠雪亮，一定會選她這個公主，反倒作繭自縛，成為和別的女人分享愛情的可憐蟲。

有人搶的最好

真正的愛情是什麼？基本上，如果你問那些感情很好、白頭偕老的夫妻，他們一定會告訴你「平凡就是一種幸福」。不要以為這句話是在敷衍你，試想，當你跟另外一個異性已經很確定彼此就是一輩子的伴侶，不會再有任何事情改變這一點，那麼，你們的生活還有什麼可以稱得上「刺激」的呢？一對老夫老妻就算是相約去侏儸紀公園，你也只會覺得這兩個人感情很好，不會覺得刺激吧（當然，除非他們在那裡被變種恐龍攻擊的話例外）？因為，基本上，刺激的生活，是建立在無數的困難和阻礙上的，而什麼樣的感情會有阻礙？當然就是有人搶的那一種。

或許是好萊塢電影還是瓊瑤看太多，有許多女人是沒辦法過平凡的愛情生活的。她們認為「平凡＝老夫老妻＝沒有感覺了」，所以當熱戀期過去，她們就會開始躁動不安、沒架找架吵，而如果你流露出不耐煩的神色，她們更會覺得兩人之間只剩習慣、根本沒有愛了⋯⋯然後這時，如果外面出現一個男人對她柔聲安慰、尤其是說一些「我也贊成感情要經營」、「誰說老夫老妻就不能浪漫」的甜言蜜語，她們就很容易覺得外面那個男人才是真正懂她的真命天子，然後就不小心劈腿。

幸好這種型的女人不算難防，只要你問問她「最長的交往紀錄」是多久就可以了。我就認識一個女生，她「One by One」的戀情最長的交往紀錄是半年，偏偏她當了兩次小三，居然各撐了三年和四年半！照她的說法是「為什麼我愛的男人都有女朋友」，但明眼人都看得出來，是因為沒人搶的對象她不愛啊！

不要錢的最貴

有一種女人是這樣的：她看起來柔弱、可憐、愛你愛到別無所求，她會說，她知道你已經有女友或老婆、她也不會要求你和元配分手，她只要能「陪在你身邊」就好。

Well，這簡直像是天外飛來的艷福，有個女人願意不計名份的跟著你，聽起來很合算對吧？有多少男人就是這樣陷入了陷阱而不自知，等到最後發現女方的要求越來越多，才嚷嚷著被騙甚至被設計了──吶，我實在忍不住要說，男人到底以為自己何德何能，有那麼天大的魅力，可以讓一個女人真的毫無所求的跟著你？人家金曲歌王都會被「設計」、武打明星都會被逼著開記者會「承認犯了天下男人都會犯的錯」了，你怎麼還會自以為有女人願意別無所求的愛你呢？

說這種女人騙人，說起來實在有欠公允，讓我們來解密這一款女人言語間的弦外之音吧！她說她可以接受你有女友，不代表她也接受你女友挑釁她罵她（但哪個元配不罵小三呢？），她說她只要能「陪在你身邊」，但不代表她不會吃醋忌妒，

打個比方來說，假設你說好每週跟她約會一次，結果有次你因為女友生日之類的事推遲她的約會，保證她會爆炸，因為她已經要求得這麼少，而你卻還愛給不給！

這麼說吧，**當女人說她對你「別無所求」時，是因為她以為這樣可以感動一個男人，感動到她用不著「求」、你就會主動給她，可當男人把她的「別無所求」視作「予取予求」時，這種女人一定會化身為報復女神，跟你玉石俱焚！**古諺就說了：「不要錢的最貴」，所有的古諺，都是前人的智慧結晶啊！

總而言之呢，有錢如王永慶，身後四個女人生的孩子還不是擺不平？俊帥如阮經天，還不是沒法享齊人之福？雙雙對對才是王道，劈腿之路大家還是不要走啊，要不然弄的像某些人一樣身敗名裂就不好了唷，善哉善哉！

橫刀奪愛指南

所謂「窈窕淑女，君子好逑」，條件好的女孩通常不會單身太久，而那也就表示，你喜歡的女孩子，目前很可能是別的男人的女朋友。當然，我相信你並不想破壞別人的幸福，可事實上，如果她們之間真的很幸福，恐怕你想破壞也破壞不了。我要說的是，人有權利選擇更好、更適合自己的伴侶，而如果你有這份自信，覺得你比她身邊的那個豬頭更能帶給她幸福的話。Well, Why not ？

技術上來說，橫刀奪愛的方法並不複雜，只要：(1) 你們互相喜歡、(2) 她和男友提分手，然後 (3) 投入你的懷抱。但只要三根手指就能數完的步驟，往往卻能衍伸出手指加腳趾都數不完的 Trouble，因為，你真的不了解女人在劈腿時的「心理障礙」。

幫她找一個移情別戀的正當理由

讓我們舉個例子吧！ Susan 認識了一位男孩，體貼、溫柔，比她的男友好上一千一萬倍，她非常心動，頻頻和這位男士出遊，情不自禁的牽手、接吻、愛撫，有一次，兩人已經進行到最後一步驟了，可 Susan 想起自己還沒有跟男友分手，無論如何就是不肯「將做愛進行到底」，最後，她幫男士 Blow Job ──重點是，她培養了將近半年的勇氣，才終於開口向男友提分手，而那幾個月中，每一次她都拒絕回到本壘，只肯盡責的 BJ。

這聽起來像是一個詭異的冷笑話，但事實上，這卻是個真實的故事，這位 Susan 是我的朋友，每當她提起當初轉換男友的事時，她都非常用力地強調自己並不是劈腿，因為她沒有跟男友以外的男人發生關係。我知道你會心想「噢拜託，都已經 BJ 了半年，還叫沒有發生關係」，可是，這就是女人──最起碼是大部分女人的邏輯：為了證明自己不是個劈腿的 Bitch，不惜付出任何代價。

在感情這回事上，女人的道德潔癖是很強的，她們無法接受、更不可能承認自己是個見異思遷的人，所以，就非得用盡全

力尋找移情別戀的正當理由不可。比方説你常常可以聽到劈腿的女人説「我愛上別人，是因為他曾經劈腿」（但那可能是一年前的事，而且當初她也決定原諒對方了）、「我愛上別人，是因為他不夠體貼我」（但在那個「別人」出現之前，她顯然沒有抗議過這件事）、甚至「我愛上別人，是因為塔羅牌説我跟他沒有未來」……總之，你可以説那些都是藉口、你可以説那些都只是在找理由，但事實是，女人就是需要一個理由，證明分手不是她的錯，説得明白點，女人就是想證明，她愛上別人不是她的錯！

所以，如果你想把她從別的男人身邊搶過來，那麼，幫她找到合理的變心理由，往往比強調自己才是那個能給她帶來幸福的人更重要。

理由一：證明你才是那個真正愛她的人

想要讓她選擇你，證明你比她的男友更優秀是必要的，可是，若你光會保證自己有多體貼、多溫柔、多愛她，恐怕有時反而會造成反效果。因為全世界的男人在把妹時，都會不斷承

諾自己會對她好，那也就表示她的男友在當初也曾經和你做出同樣的保證，而她又怎麼知道，如果她現在選擇了你，將來你會不會變得跟她男友一樣？

所以，與其強調你對她有多好，不如讓她看見，她男友對她有多壞！

你可以不用勉強自己表現得像完美先生，但她男友做不到的，你一定要做到！如果她男友不喜歡報備，那麼你不妨早中晚傳訊息告訴她你正在做什麼；如果她男友不肯帶她參加朋友聚會，那麼你最好將她介紹給你的麻吉。想要橫刀奪愛，那就得趁虛而入，在她心情不好、尤其是因為跟男友吵架而心情不好時陪伴在她身邊，往往比其他招式更有用。因為你不僅僅在她傷心委屈時陪伴在側，更讓她心裡自然而然的興起一股比較：她男友讓她傷心，而你卻對她很好。這絕對比你老王賣瓜、自賣自誇更有效。

理由二：鼓勵她愛自己

有一種女人是這樣的：她不斷地說男友對她很糟糕，不斷地說她在那段戀情裡感受不到絲毫幸福，總之，她把自己的男友形容成王八蛋，可是卻遲遲不肯離開那個混帳。於是你不明白她心裡究竟在想什麼，甚至開始懷疑她是不是有被虐待狂，要不然她男友那麼爛，為什麼她還不提分手？

Well，我們不能排除她可能真的有一點斯德哥爾摩症候群的症狀，但還有另外一種可能是，她的男友並沒有像她講的那麼糟。

有些女人的戀愛習慣，是「報憂不報喜」，換言之，就是她喜歡在別人面前數落男友的缺點，但卻對男友的優點避而不談。她的男友可能在吵架時講出很傷人的話，可她卻忘了對你坦白，她說出來的話也不比較委婉；她的男友很可能失蹤三天不回家，但她卻忘了告訴你，是她先砸了對方的電話電腦，大吼大叫要人家滾出去……總之，她假裝成無辜的受害者，企圖淡化劈腿的罪惡感，可她或許成功的瞞過了你，卻

愛情專線
1999

欺騙不了她自己。

所以，當她的男友並沒有那麼糟，而她卻還是出軌時，她就更需要一個變心的好理由了，比如說：「愛自己」。

「愛自己」是許多女人合理化所有行為的護身符，而在橫刀奪愛的當頭，這張萬用靈符能夠發揮的效用恐怕超乎男人的想像。比方說，當她罪惡感發作，覺得變心對不起男友時，你可以對她說「妳不想對不起他，難道寧願對不起自己嗎？對自己好一點」；又比方說，當她良心發現，覺得劈腿是天大的錯誤，想要跟你劃清界線時，你可以安慰她「既然妳和他在一起並不幸福，為什麼要勉強自己呢？多愛自己一點」。總之，如果她喜歡偽裝自己是個善良的受害者，那麼你就得幫她一把。

總之，「在錯誤的時間遇到對的人」是很有可能發生的狀況，如果你們才是天生一對，那麼兩個人幸福，絕對好過三個人痛苦。只是你恐怕得觀察一下，如果她沒有能力為自己的決定負起責任來，那麼她或許不是個好對象，不要讓她把分手

的責任推到你身上，畢竟她劈腿的原因，應該是「她愛上了你」，而不是「你誘拐了她」。

壞男人養成指南

每個女人都說,希望找到一個「懂得對她好」的男人。

對一個女人好,很難嗎?呃,雖然說女人機車起來絕對是紅色大牌的那種重機 c.c. 數無議,但如果你抱持著一份「這就是工作」的心態去執行,就像為了薪水,老闆再怎麼機車你能忍、同事再怎麼白目你也能忍一樣,只要認命一點,倒也不是做不到。可問題是,忍耐老闆同事你至少能拿到薪水,但忍耐一個女人多如牛毛的要求和挑剔,往往卻只能得到一句「你是個好人,但……」噢拜託,好人卡又不能當信用卡刷,你怎麼忍得下去?

所以,沒有一個男人想當「好人」。

你發現那些說要找一個「對她好的男人」的女人,都愛上對她不怎麼好的男人,然後發好人卡給你;你不恥下問的討教對付女人很有一手的兄弟,他們通通忠告你「不要對女人有求必應」;你看了幾本兩性書或者把妹書,知道女人就是喜

歡搞曖昧、就是迷戀得不到的男人……可問題是喜歡一個人最大的痛苦就是，明知道不應該呼之即到，卻更怕這次沒有趕到，就再也沒有下次！

於是你猶豫了、躊躇了，到底這個「若即若離」的分寸，該怎麼拿捏才好呢？

「曖昧」為何總能扣人心弦？

幾乎所有的女人，都會被曖昧的遊戲俘虜，但你知道為什麼嗎？

吶，你肯定在夜市玩過夾娃娃機吧？其實你本來也沒有勢在必得，只是口袋裡剛好有一枚剛剛吃蚵仔煎找的銅板，順手就投進了夾娃娃機。當機器啟動，你操縱著搖桿，沒想到順利的夾起了一隻娃娃，你看著戰利品緩緩地、慢慢地往洞口移動，巍巍顫顫地搖晃著，然後就在接近洞口的那一剎那，幹……什麼！就差這麼一點，居然掉了？！

然後呢？你會怎麼辦？

有很多人在這時候會選擇投下第二枚銅板、第三枚銅板繼續挑戰，甚至還掏出整鈔去換零錢，完全忘記自己原本只是閒著無聊、忘記那隻娃娃有多醜、忘記自己根本不需要這種絨毛玩具，只是一心一意想得到那隻娃娃！得不到的固然最好，但對於真正得不到的東西，例如希望之星還是 Lotus 跑車，你也並不會為此傾家蕩產。真正讓人放不下的，往往是那種「眼看差一點就要到手」但卻一直還沒到手的扼腕，才會演變成一種強烈的執念。

女人之所以受曖昧制約，也正是因為這種執念，當她心裡覺得「那個男人八成對我有意思」的時候，就會開始期望男人表白，但等呀等呀、卻等不到確定的證據時，期望會變成希望、希望會變成渴望……而當她開始渴望你的時候，Bingo，她已經漸漸愛上你了！

所以，要讓一個女人愛上你，就是要讓她「等」。

當然不是約會故意遲到這麼蠢，那是交筆友時代第一次約見面的招數，不要拿到二十一世紀來笑掉別人大牙，你要讓女人等的，是你的電話。

比如説你們今晚在電話裡聊得很愉快，卻因為時間晚了、明天兩人都要上班而不得不收線，這時你就要説「明晚再打給妳」——請注意，明晚就是明晚，你不要迫不及待的中午傳 Line 給她、下午又跟她拚命的 FB Chat ！

要讓她抱著一種「這男人明天還要打給我，肯定是很喜歡我」的甜蜜入睡，隔天一覺睡醒，天都還沒全亮、她就開始期待天黑。等到下班回到家，她開始倒數讀秒，眼見六點過了是七點、八點過了是九點，她開始懷疑你那句「明晚再打」是隨口説説還是認真承諾，她會開始回想昨晚的聊天裡你的一字一語，開始分析你對她到底有沒有喜歡之意……十點半的時候，你的電話終於打來，而她已經等了一整晚，翻來覆去想的都是你，還不遲早愛上你？

同樣的招數還有許多變形的用法。例如禮拜二就約她週末去看電影，丟下一句「那我再跟妳約時間」就再也絕口不提，讓她一整個禮拜都懸念掛心；例如跟她説起一間新開的餐廳，明明你預計下週五要去嘗鮮，卻跟她説「下禮拜二或五」，讓她過了週二之後開始一路緊張到週五，生怕你忘記、更怕她是不是做了什麼讓你解嗨的事，打消了主意……諸如此類，以此類推，你可以主動邀約，卻要讓她癡癡等你赴約。

這些小手段的目的，是讓她知道你喜歡她（要不何必約她、又何必赴約），但又還沒有迷戀她到非她不可的地步（所以不會整天纏著她），就像夾娃娃機裡那隻眼看著要到手、但卻總差臨門一腳的娃娃，然後，恭喜你，達成了壞男人的初步條件——那就是若即若離曖昧。

有人搶的最好，但就是沒人搶要怎麼辦？

不論是什麼玩意兒，只要有人爭，搶手度立刻三級跳，這個道理你不是不懂，可是知易行難，最大的困難就是你又不是金城武，哪來那麼多女人搶著要？

話又說回來，為什麼有人搶的總是最香？不就是因為「競爭使人狂」嗎？那麼既然如此，轉換一下角度，變成「你除了她以外還有其他人選」，又有何不可？

當然不是要你白目到衝到她面前對她說「除了妳之外，我還有兩個曖昧對象」，這種話說出來，你非但不會變成風流的壞男人，只會變成下流的蠢男人。你要做的，是在不經意之中，讓她發現你用心的對象，不只她一人。

比方説你可以用「妳們女人比較懂女人」為理由，要她幫眼，挑一件送給你的女同事的生日禮物，但當她問你是不是想追那個女同事時，又要曖昧的否認説「只是比較談得來的同事而已。」又比方説你可以跟她説前女友突然傳賀年簡訊給你，問她「我們都一年多沒聯絡了，你們女生突然傳簡訊給前男友是為什麼」，讓她知道你會為別的女人苦惱。**在女人心裡，「專情」的意思是「在許多人之中，我選擇了妳」，重點從不在「一對一」而在「多擇一」，所以，你得讓她知道你是有選擇的，這樣，她才會把你的感情當一回事**，而不是把你的付出視為理所當然。

前幾年當紅的偶像劇《我可能不會愛你》捧紅了李大仁、爾後的清宮戲《甄嬛傳》裡最出挑的是溫太醫，女人都喜歡這兩個角色，可是對男人來説，這兩個角色卻是最可怕的惡夢，因為，他們代表的，是悲劇的好人卡、是做牛做馬最後還吃不到的殘念。所以，別當女人的溫太醫和李大仁，因為他們只會得到感激、而不是感情，説的難聽點，就只是備胎罷了。

客服碎碎唸

女人喜歡有本事、人面廣的男人，可是，你的有本事是讓她與有榮焉、還是讓她擔心受怕沒安全感，關鍵就在於你有沒有讓她分享你的榮耀。

所以大企業家最喜歡在尾牙時說「感謝我太太幫我照顧家庭，讓我無後顧之憂」，所以得獎者上台領獎時都要說「沒有我老婆就沒有我」……與其對女人解釋你和朋友之間有多清白，倒不如讓她明白，你能 Hold 住全場，但只有她能 Hold 住你。

女人要的，並不是一出手就能解決所有難題的超人，而是能陪著我們度過那些難熬的時光的人。

因為人生中有許多的困難和挫折，除了經由時間淡化，別無他法，現實生活中或許不存在Superman，但願意陪在妳身邊的，就是妳的Better Man。

愛情專線
1999

人生的心得報告

不同於之前的作品老是在決定書名時抓破腦袋，這本書在我只交出五、六篇稿子的最初期，編輯貝莉小妞就說：「就叫《愛情專線 1999》如何？我們可以試著找回一點妳在 Lost 時期的東西。」

十多年前，我在水瓶鯨魚的 Lost 失戀雜誌網站上認識她。那時候，我寫文章的目的好單純，都是和男友爭吵之後，寫下的感受。只不過，觀察型的人習慣置身事外的分析問題，金牛座的人就算拋棄一切也不會拋棄冷靜的表象。所以，明明只是在抱怨男友，但每一篇文章，最後都成為有條有理的論說文，下一個鏗鏘有力的結論。

然後，開始有人稱我為「作家」，開始有人問我感情事。
一開始，我以為那就跟早餐店老闆娘叫我「美女」是一樣的意思，我以為那就跟姐妹淘之間討論男友是同一碼事，我沒有壓力，我不以為意。
直到出了書，上節目宣傳時，胸口別上「兩性專家」的名牌，

我開始心虛，明明戀愛談得不怎麼樣，還是會被甩的我，擔不起專家兩個字的重量。

於是，我開始害怕使用太理直氣壯的口氣。
於是，有了連書名都很療癒的《是否為我傷心過？》、有了短篇小說集《死也要幸福》。寫的都還是我心裡的感受，只是，我企圖學會抒情。
事實上，那兩年我過得特別忐忑。
表面上，我過得不算差，日子穩定，感情上有過幾段沒有結果的來去，但就是覺得，這樣的一張成績單，我交不出去。

去年，一個特別好的、我一直將她視為人生戰友的朋友，明明上個禮拜還在約要見面唱歌、但過沒幾天就收到她妹妹的簡訊，說她在加護病房裡陷入昏迷，當晚我們幾個朋友趕到醫院，晴天霹靂的最後一面。在那之後的幾個月，我原本游移在「怪僻」和「疾病」之間的強迫症，夾帶著恐慌症一起發作，看醫生、吃藥……拿自己沒有辦法，時好時壞的日子

裡，希望和絕望的溜滑梯，我討厭這樣的自己。

但男友一直陪在身邊，對於我那些歇斯底里，他處之泰然，他最常說的就是：「妳很正常，妳只是神經質又膽小，風吹草動就緊張而已。」

後來我發現，也許這場病的目的，就是讓我找回自己。人在真正脆弱的時候，沒有足夠的力氣維持那些形象了，於是呈現出來的，往往就是最真的本相。本來就是這樣的一個人，要不是神經質的敏感，怎麼會對好多事情有感觸，要不是膽小和緊張，怎麼會習慣分析條列所有問題、想方設法找結論？那就是我面對問題、準備跨越的起手式，本能沒有好壞之分，像小狗與生俱來的嗅覺，怎麼可以放棄？

〈男友不愛出門，超級宅？〉這篇文章是我最先修改完交出的幾篇稿子之一，原本只是跟不愛出門的男友討論過很多次旅行的意義後，寫下的整理，只是整理硬碟的時候偶然翻出，

自己看了都覺得有趣。這原本只是一篇日記，原來當我最放鬆的時候、最單純用文字整理思緒的時候，呈現的就是這樣的語氣，那些置身事外的冷靜，一直以來分析的都只是我自己。

我只是在尋找人生的答案，每一篇文章都是心得報告。
如果人生非得要交出一張成績單不可，那麼，今天比昨天更好，就是對自己最好的交代。

愛情

專線

1999

作　　　者　密絲飄

裝 禎 設 計　犬良設計

行 銷 業 務　夏瑩芳、陳雅雯、王綬晨、邱紹溢、張瓊瑜、李明瑾、蔡瑋玲、郭其彬

主　　　編　王辰元

企 畫 主 編　賀郁文

總 編 輯　趙啟麟

發 行 人　蘇拾平

出　　　版　啟動文化

　　　　　　台北市 105 松山區復興北路 333 號 11 樓之 4

　　　　　　電話（02）2718-2001　傳真（02）2718-1258

　　　　　　Email：onbooks@andbooks.com.tw

發　　　行　大雁文化事業股份有限公司

　　　　　　台北市 105 松山區復興北路 333 號 11 樓之 4

　　　　　　24 小時傳真服務（02）2718-1258

　　　　　　讀者服務信箱 andbooks@andbooks.com.tw

　　　　　　劃撥帳號 19983379

　　　　　　戶名 大雁文化事業股份有限公司

國家圖書館出版品預行編目（CIP）資料

愛情專線 1999 / 密絲飄作 .-- 初版 .-- 臺北市：
啟動文化出版：大雁文化發行 , 2016.05
　面；　公分
ISBN 978-986-92348-8-7(平裝)

1. 戀愛 2. 兩性關係

544.37　　　　　　　　　　　105006777

初版一刷　2016 年 5 月
定　價　　２８０ 元
ISBN　978-986-92348-8-7